教育部人文社会科学重点研究基地
山西大学"科学技术哲学研究中心"基金
山西省优势重点学科基金
资　助

山西大学
认知哲学丛书
魏屹东　主编

心智的非机械论研究

常照强/著

科学出版社
北京

图书在版编目(CIP)数据

心智的非机械论研究 / 常照强著. —北京：科学出版社，2016.3
（认知哲学丛书 / 魏屹东主编）
ISBN 978-7-03-047598-5

Ⅰ.①心… Ⅱ.①常… Ⅲ.①认识论–研究 Ⅳ.①B017

中国版本图书馆 CIP 数据核字（2016）第 047062 号

丛书策划：侯俊琳　牛　玲
责任编辑：朱萍萍　刘巧巧 / 责任校对：彭　涛
责任印制：张　伟 / 封面设计：无极书装
编辑部电话：010-64035853
E-mail:houjunlin@mail.sciencep.com

科 学 出 版 社 出版
北京东黄城根北街 16 号
邮政编码：100717
http://www.sciencep.com

北京虎彩文化传播有限公司 印刷
科学出版社发行　各地新华书店经销

*

2016 年 3 月第　一　版　开本：720×1000 B5
2019 年 1 月第四次印刷　印张：11 1/4
字数：224 000
定价：62.00 元
（如有印装质量问题，我社负责调换）

丛 书 序

21世纪以来，在世界范围内兴起了一个新的哲学研究领域——认知哲学（philosophy of cognition）。认知哲学立足于哲学反思认知现象，既不是认知科学，也不是认知科学哲学、心理学哲学、心灵哲学、语言哲学和人工智能哲学的简单加合，而是在梳理、分析和整合各种以认知为研究对象的学科的基础上，立足于哲学（如语境实在论）反思、审视和探究认知的各种哲学问题的研究领域。认知哲学不是直接与认知现象发生联系，而是通过以认知现象为研究对象的各个学科与之发生联系。也就是说，它以认知概念为研究对象，如同科学哲学是以科学为对象而不是以自然为对象，因此它是一种"元研究"。

在这种意义上，认知哲学既要吸收各个相关学科的理论成果，又要有自己独特的研究域；既要分析与整合，又要解构与建构。它是一门旨在对认知这种极其复杂的心理与智能现象进行多学科、多视角、多维度整合研究的新兴研究领域。认知哲学的审视范围包括认知科学（认知心理学、计算机科学、脑科学）、人工智能、心灵哲学、认知逻辑、认知语言学、认知现象学、认知神经心理学、进化心理学、认知动力学、认知生态学等涉及认知现象的各个学科中的哲学问题，它涵盖和融合了自然科学和人文科学的不同分支学科。

认知哲学之所以是一个整合性的元哲学研究领域，主要基于以下理由：

第一，认知现象的复杂性，决定了认知哲学研究的整合性。认知现象既是复杂的心理与精神现象，同时也是复杂的社会与文化现象。这种复杂性特点必然要求认知科学是一门交叉性和综合性的学科。认知科学一般由三个核心分支学科（认知心理学、计算机科学、脑科学）和三个外围学科（哲学、人类学、语言学）构成。这些学科不仅构成了认知科学的内容，也形成了研究认知现象的不同进路。系统科学和动力学介入对认知现象的研究，如认知的动力论、感知的控制论和认知的复杂性研究，极大地推动了认知科学的发展。同时，不同学科之间也相互交融，形成新的探索认知现象的学科，如心理学与进化生物学交叉产生的进化心理学，认知科学与生态学结合形成的认知生态学，神经科学与认知心理学结合产生的认知神经心理学，认知科学与语言学交叉形成的认知语义学、认知语用学和认知词典学。这些新学科的产生增加了探讨认知现象的新进路，也说明对认知现象本质的揭示需要多学科的整合。

第二，认知现象的根源性，决定了认知哲学研究的历史性。认知哲学之所以能够产生，是因为认知现象不仅是心理学和脑科学研究的领域，也历来是哲学家们关注的焦点。这里我粗略地勾勒出一些哲学家的认知思想——奥卡姆（Ockham）的心理语言、莱布尼茨（G.W.Leibniz）的心理共鸣、笛卡儿（R.Descartes）的心智表征、休谟（D.Hume）的联想原则（相似、接近和因果关系）、康德（I.Kant）的概念发展、弗雷格（F.Frege）的思想与语言同构假定、塞尔（J.R.Searle）的中文屋假设、普特南（Hilary W. Putnam）的缸中之脑假设等。这些认知思想涉及信念形成、概念获得、心理表征、意向性、感受性、心身问题，这些问题与认知科学的基本问题（如智能的本质、计算表征的实质、智能机的意识化、常识知识问题等）密切相关，为认知科学基本问题的解决奠定了深厚的思想基础。可以肯定，这些认知思想是我们探讨认知现象的本质时不可或缺的思想宝库。

第三，认知科学的科学性和人文性，决定了认知哲学研究的融合性。认知科学本身很像哲学，事实上，认知科学的交叉性与综合性已经引发了科学哲学的"认知转向"，这在一定程度上从认知层次促进了自然科学与人文科学、科学主义与人文主义的融合。我认为，在认知层面，科学和人文是统一的，因为科学知识和人文知识都是人类认知的结果，认知就像树的躯干，科学和人文就像树的分枝。例如，对认知的运作机制及规律、表征方式、认知连贯性和推理模型的研究，势必涉及逻辑分析、语境分析、语言分析、认知历史分析、文化分析、心理分析、行为分析，这些方法的运用对于我们研究心灵与世界的关系将大有益处。

第四，认知现象研究的多学科交叉，决定了认知哲学研究的综合性。虽然认知过程的研究主要是认知心理学的认知发展研究、脑科学的认知生理机制研究、人工智能的计算机模拟，但是科学哲学的科学表征研究、科学知识社会学的"在线"式认知研究、心灵哲学的意识本质、意向性和心脑同一性的研究，也同样值得关注。因为认知心理学侧重心理过程，脑科学侧重生理过程，人工智能侧重机器模拟，而科学哲学侧重理性分析，科学知识社会学侧重社会建构，心灵哲学侧重形而上学思辨。这些不同学科的交叉将有助于认知现象的整体本质的揭示。

第五，认知现象形成的语境基底性，决定了认知哲学研究的元特性以及采取语境实在论立场的必然性。拉考夫（G.Lakoff）和约翰逊（M.Johnson）认为，心灵本质上是具身的，思维大多是无意识的，抽象概念大多是隐喻的。我认为，心理表征大多是非语言的（图像），认知前提大多是假设的，认知操作大多是建模的，认知推理大多是基于模型的，认知理解大多是语境化的。在人的世界中，一切都是语境化的。因此，立足语境实在论研究认知本身的意义、分类、预设、结构、隐喻、假设、模型及其内在关系等问题，就是一种必然选择，事实上，语境实在论在心理学、语言学和生态学中的广泛运用业已形成一种趋势。

需要指出的是，与"认知哲学"极其相似也极易混淆的是"认知的哲学"（cognitive philosophy）。在我看来，"认知的哲学"是关于认知科学领域所有论题的哲学探究，包括意识、行动者和伦理，最近关于思想记忆的论题开始出现，旨在帮助人们通过认知科学之透镜去思考他们的心理状态和他们的存在。在这个意义上，"认知的哲学"其实就是"认知科学哲学"，与"认知哲学"相似但还不相同。我们可以将"cognitive philosophy"译为"认知的哲学"，将"philosophy of cognition"译为"认知哲学"，以便将二者区别开来，就如同"scientific philosophy"（科学的哲学）和"philosophy of science"（科学哲学）有区别一样。"认知的哲学"是以认知（科学）的立场研究哲学，"认知哲学"是以哲学的立场研究认知，二者立场不同，对象不同，但不排除存在交叉和重叠。

如果说认知是人们如何思维，那么认知哲学就是研究人们思维过程中产生的各种哲学问题，具体包括以下十个基本问题。

（1）什么是认知，其预设是什么？认知的本原是什么？认知的分类有哪些？认知的认识论和方法论是什么？认知的统一基底是什么？有无无生命的认知？

（2）认知科学产生之前，哲学家是如何看待认知现象和思维的？他们的看法是合理的吗？认知科学的基本理论与当代心灵哲学范式是冲突的还是融合的？能否建立一个囊括不同学科的、统一的认知理论？

（3）认知是纯粹心理表征还是心智与外部世界相互作用的结果？无身的认知能否实现？或者说，离身的认知是否可能？

（4）认知表征是如何形成的？其本质是什么？有没有无表征的认知？

（5）意识是如何产生的？其本质和形成机制是什么？它是实在的还是非实

在的？有没有无意识的表征？

（6）人工智能机器是否能够像人一样思维？判断的标准是什么？如何在计算理论层次、脑的知识表征层次和计算机层次上联合实现？

（7）认知概念（如思维、注意、记忆、意象）的形成的机制和本质是什么？其哲学预设是什么？它们之间是否存在相互作用？心–身之间、心–脑之间、心–物之间、心–语之间、心–世之间是否存在相互作用？它们相互作用的机制是什么？

（8）语言的形成与认知能力的发展是什么关系？有没有无语言的认知？

（9）知识获得与智能发展是什么关系？知识是否能够促进智能的发展？

（10）人机交互的界面是什么？人机交互实现的机制是什么？仿生脑能否实现？

当然，在认知发展中无疑会有新的问题出现，因此认知哲学的研究域是开放的。

在认知哲学的框架下，本丛书将以上问题具体化为以下论题。

（1）人工智能的语境范式。在语境论视野下，将表征和计算作为人工智能研究的共同基础，用概念分析方法将表征和计算在人工智能中的含义与其在心灵哲学、认知心理学中的含义相区别，并在人工智能的符号主义、联结主义及行为主义这三个范式的具体语境中厘清这两个核心概念的具体含义及特征，从而使人工智能哲学与心灵哲学区别开来，并基于此建立人工智能的语境范式来说明智能的认知机制。

（2）后期维特根斯坦（L. Wittgenstein）的认知语境论。维特根斯坦作为20世纪的大哲学家，其认知思想非常丰富，且前后期有所不同。对前期维特根斯坦的研究大多侧重于其逻辑原子论，而对其后期的研究则侧重于语言哲学、现象学、美学的分析。从语言哲学、认知科学和科学知识社会学三方面来探讨后期维特根斯坦的认知语境思想，无疑是认知哲学研究的一个重要内容。

（3）智能机的自语境化认知。用语境论研究认知是回答以什么样的形式、基点或核心去重构认知哲学未来走向的一个重大问题。通过构建一个智能机自语境化模型，对心智、思维、行为等认知现象进行说明，表明将智能机自语境化认知作为出发点与落脚点，就是以人的自语境化认知过程为模板，用智能机来验证这种演化过程的一种研究策略。这种行为对行为的验证弥补了以往"操作模拟心灵"的缺陷，为解决物理属性与意识概念的不搭界问题提供了新思路。

（4）意识问题的哲学分析。意识是当今认知科学中的热点问题，也是心灵哲学中的难点问题。以当前意识研究的科学成果为基础，从意识的本质、意识的认知理论及意识研究的方法论三个方面出发，以语境分析方法为核心探讨意识认知现象中的哲学问题，提出了意识认知构架的语境模型，从而说明意识发生的语境发生根源。

（5）思想实验的认知机制。思想实验是科学创新的一个重要方法。什么是思想实验？它们怎样运作？在认知中起什么作用？这些问题需要从哲学上辨明。从理论上理清思想实验在哲学史、科学史与认知科学中的发展，有利于辨明什么是思想实验，什么不是思想实验，以及它们所蕴含的哲学意义和认知机制，从而凸显思想实验在不同领域中的作用。同时，借助思想实验的典型案例和认知科学家对这些思想实验的评论，构建基于思想实验的认知推理模型，这有利于在跨学科的层面上探讨认知语言学、脑科学、认知心理学、人工智能、心灵哲学中思想实验的认知机制。

（6）心智的非机械论。作为认知哲学研究的显学，计算表征主义的确将人类心智的探索带入一个新的境界。然而在机械论观念的束缚下，其"去语境化"和"还原主义"倾向无法得到遏制，因而屡遭质疑。因此，人们自然要追问：什么是更为恰当的心智研究方式？面对如此棘手的问题，从世界观、方法论和核心观念的维度，从"心智、语言和世界"整体认知层面，凸显新旧两种研究进路的分歧和对立，并在非机械论框架中寻求一个整合心智和意义的突破点，无疑具有重大意义。

（7）丹尼特（D.Dennett）的认知自然主义。作为著名的认知哲学家，丹尼特基于自然主义立场对心智和认知问题进行的研究，在认知乃至整个哲学领域都具有重大意义。从心智现象自然化的角度对丹尼特的认知哲学思想进行剖析，弄清丹尼特对意向现象进行自然主义阐释的方法和过程，说明自由意志的自然化是意识自然化和认知能力自然化的关键环节。

（8）意识的现象性质。意识在当代物理世界中的地位是当代认知哲学和心灵哲学中的核心问题。而意识的现象性质又是这一问题的核心，成为当代心灵哲学中物理主义与反物理主义争论的焦点。在这场争论中，物理主义很难坚持纯粹的物理主义一元论，因为物理学只谈论结构关系而不问内在本质。当这两个方面都和现象性质联系在一起时，物理主义和二元论都看到了希望，但作为微观经验的本质如何能构成宏观经验，这又成了双方共同面临的难题。因此，考察现象性质如何导致了这样一系列问题的产生，并分析了意识问题可能的解决方案与出路，就具有重要意义了。

（9）认知动力主义的哲学问题。认知动力主义被认为是认知科学中区别于认知主义和联结主义的、有前途的一个研究范式。追踪认知动力主义的发展动向，通过比较，探讨它对于认知主义和联结主义的批判和超越，进而对表征与非表征问题、认知动力主义的环境与认知边界问题、认知动力主义与心灵因果性问题进行探讨，凸显了动力主义所涉及的复杂性哲学问题，这对于进一步弄清认知的动力机制是一种启示。

本丛书后续的论题还将对思维、记忆、表象、认知范畴、认知表征、认知情感、认知情景等开展研究。相信本丛书能够对认知哲学的发展做出应有的贡献。

魏屹东

2015 年 10 月 13 日

前　言

20世纪50年代以来，心智研究逐渐突破了行为主义的藩篱，催生了认知主义这一主流范式。作为对行为主义的一种修正，认知主义放弃了一切否认内部心理状态的狭隘观点，转而以内在的符号表征作为其本质特征。但是，近年来，一股"后认知主义"潮流愈演愈烈，其矛头直指认知主义的核心概念——表征。在这一潮流的裹挟之下，人们自然要对心智研究进行一系列的批判性反思，不免要追问：后认知主义潮流的本质何在？什么是一种更为恰当的心智研究方式？面对如此棘手的问题，本书以"心智机械论进路"和"心智非机械论进路"这两个观念为楔子，探究一二。

心智机械论进路脱胎于机械论世界图景。在这一世界图景中，人们一般认为事物的运动遵循着一定的自然规律，逐渐形成了"自然即机器"的隐喻，并且这一隐喻进一步演化为"心智即机器"的隐喻，心智则被认为亦属于自然机制的范畴。伴随着计算机科学、心理学等学科的突破性进展，"心智即机器"的隐喻获得了强有力的科学支撑，逐渐从边缘走向主流，最终为心智机械论进路设定了一个历史背景。在此背景下，一种心智的计算表征主义观念逐渐形成，并最终成为心智机械论进路的理论基础。在实践中，以各种说明隐喻为蓝本，人们构建了多层次的心智计算表征模型，并使之体现这些说明隐喻的本质特征，借此将隐喻机械化地予以实现。

此外，我们还可从以下两个方面来审视心智机械论进路。一方面，它与图灵机模型有着莫大的渊源，因而包含了一种传统的计算观念，即形式化的计算观念。另一方面，它与表征观念有着密切的关联，因而包含了一种基于表征的信息观念，即德雷斯基（Fred Dretske）信息观念。

毋庸讳言，心智机械论进路在实践中获得了巨大的成功，有助于我们将心智纳入科学研究的视野，并将其归于因果说明的范畴，然而在肯定其历史地位的同时，我们也不能忽视其所面临的主要困境——心智意义的缺失。这一困境的主要根源即是计算表征主义的"标准解释"。在"标准解释"的引导之下，我们误以为心智计算表征理论能够起到"将计算理论与民俗心理学相融合"的作用，换言之，我们一相情愿地将计算系统中的符号表征视为信念、欲望、想法等常识观念的"科学对等物"。

尽管心智机械论进路为摆脱其困境而采纳了一些新的理念，但其终究无法回答意义难题，本质上依然是一种关于心智的碎片化理解方式。一方面，在心智机械论进路中，我们所机械化的无非是人类理性的一个或几个方面而已，因此我们无法回应笛卡儿的责难。另一方面，在心智机械论进路中，我们无法做到将智能行为与有意义的信息绑定起来，所以我们是在以一种碎片化的方式来审视信息、心智和现实之间的本质而已。

为了重获心智缺失的意义，我们一方面要走出中文屋困境，引入非机械论物理学和现象学的有关概念，另一方面要回归皮尔斯的整体性命题，即将"心智、语言和世界"三者视为一个整体，从而在一个整体框架下进行心智研究进路的重构。为此，我们通过两方面的重构而为之，即"激进的具身认知"和"第二次认知革命"。借此，我们找到了一个有别于机械论内涵的心智研究进路，即心智非机械论进路。

事实上，心智研究进路重构的过程即是一个转向的过程。从心智机械论进路到心智非机械论进路，我们不仅实现了世界观和方法论的转向，而且实现了计算和信息观念的转向。最终，我们完成了心智研究的后现代转向。

在心智机械论进路中，人们囿于一种机械论的世界观，固守着一种科学理论的经典结构观念，由于这一结构观念蕴涵着还原主义的思想，因而继承了还原主义所带来的缺陷。与之相对照，在心智非机械论进路中，我们则接受一种非机械论的世界观。基于这一新的世界观，我们放弃了经典结构观念，转而推崇一种整体的动力学方法。

为了破解意义难题，在心智非机械论进路中我们引入了一种自然计算观念，从而将心灵关联于计算观念的源头。与传统的计算观念不同，这种自然计算本质上是一种互动计算。另一方面，借鉴德雷斯基信息观念的优势，同时又弥补了其不足，心智非机械论进路还引入了一种整体信息观念。鉴于心智牵涉着一个动力学的、复杂的关系网络，这种整体信息观念特别强调意义的整体性，反对以任何碎片化的方式来审视信息、心智和现实的本质。换言之，它认为不应将心智从信息的疆域中剔除出来，反而应将其关联于信息过程的源头。

事实上，通过心智非机械论进路的探索，我们最终实现了心智研究的后现代转向，其包含着三重意蕴：一是提出了心智研究的新范式——互助论；二是由心智的机械模型转向心智的自组织模型；三是鉴于身体的脆弱性构成了生物体意义的基础，提出一种有机体意义的观念。

值得注意的是，类似于应对现代主义和后现代主义之间的关系，在认识和评价这两种心智研究进路之时，我们应该保持一种持平的态度。作为一个具有整体性特质的心智研究进路，心智非机械论进路无疑是处理复杂认知系统的最佳方式。但是，同样是这种整体性特质使然，我们在研究人类智能和行为时，在可资利用的一系列复杂的工具之中，机械模型策略仍然是其中不可忽略的一部分，应该审慎地对待。

放眼当今的心智哲学研究，主流学者既不愿重蹈还原论物理主义的覆辙，又想极力避免落入笛卡儿二元论的陷阱，因而迫切地寻求二者之外的第三条道路。心智非机械论进路的提出大体也可以看作这一方向的尝试和努力。无可否认，这一进路才刚刚起步且前途未卜，但是我们希冀它至少能有些许的价值，即示人以启发：若没有形而上学预设、方法论和核心观念等方面的剧烈蜕变，第三条道路的追求恐怕会失之根基而无法成功。

最后，书中难免有谬误之处，敬请读者的指正，是所至盼。

常照强

2016年1月

目　录

丛书序 ·· i
前言 ·· vii

绪论 ·· 1
 第一节　研究的旨趣 ·· 1
 第二节　国内外研究现状述评 ··· 6
 第三节　核心概念的界定 ·· 12
  一、心智机械论进路 ·· 12
  二、心智非机械论进路 ··· 16
 第四节　思路和内容 ·· 18
  一、本书的思路 ·· 18
  二、本书的内容 ·· 20
 第五节　创新与不足 ·· 22

第一章　心智机械论进路 ·· 23
 第一节　机械论的世界图景 ··· 23

一、机械论观念的由来⋯⋯⋯⋯⋯⋯⋯⋯⋯⋯⋯⋯⋯⋯⋯⋯⋯24
　　二、机械论的隐喻⋯⋯⋯⋯⋯⋯⋯⋯⋯⋯⋯⋯⋯⋯⋯⋯⋯⋯⋯25
　第二节　从心智的表征到心智的计算⋯⋯⋯⋯⋯⋯⋯⋯⋯⋯⋯⋯27
　　一、心智的表征⋯⋯⋯⋯⋯⋯⋯⋯⋯⋯⋯⋯⋯⋯⋯⋯⋯⋯⋯27
　　二、心智的计算⋯⋯⋯⋯⋯⋯⋯⋯⋯⋯⋯⋯⋯⋯⋯⋯⋯⋯⋯27
　　三、心智的计算表征理论⋯⋯⋯⋯⋯⋯⋯⋯⋯⋯⋯⋯⋯⋯⋯29
　第三节　从隐喻到机械模型⋯⋯⋯⋯⋯⋯⋯⋯⋯⋯⋯⋯⋯⋯⋯⋯30
　　一、心智研究的隐喻观念⋯⋯⋯⋯⋯⋯⋯⋯⋯⋯⋯⋯⋯⋯⋯30
　　二、逻辑隐喻的机械化实现⋯⋯⋯⋯⋯⋯⋯⋯⋯⋯⋯⋯⋯⋯31
　　三、比例模型隐喻的机械化实现⋯⋯⋯⋯⋯⋯⋯⋯⋯⋯⋯⋯33
　第四节　从图灵机到形式化的计算⋯⋯⋯⋯⋯⋯⋯⋯⋯⋯⋯⋯⋯34
　　一、图灵机模型⋯⋯⋯⋯⋯⋯⋯⋯⋯⋯⋯⋯⋯⋯⋯⋯⋯⋯⋯34
　　二、经典的计算观念⋯⋯⋯⋯⋯⋯⋯⋯⋯⋯⋯⋯⋯⋯⋯⋯⋯36
　第五节　基于表征的信息观念⋯⋯⋯⋯⋯⋯⋯⋯⋯⋯⋯⋯⋯⋯⋯37
　　一、心智信息观念的介入⋯⋯⋯⋯⋯⋯⋯⋯⋯⋯⋯⋯⋯⋯⋯37
　　二、德雷斯基的信息观念⋯⋯⋯⋯⋯⋯⋯⋯⋯⋯⋯⋯⋯⋯⋯38

第二章　心智机械论进路的评估⋯⋯⋯⋯⋯⋯⋯⋯⋯⋯⋯⋯⋯⋯41
　第一节　历史的定位⋯⋯⋯⋯⋯⋯⋯⋯⋯⋯⋯⋯⋯⋯⋯⋯⋯⋯⋯41
　　一、心智的因果描述⋯⋯⋯⋯⋯⋯⋯⋯⋯⋯⋯⋯⋯⋯⋯⋯⋯42
　　二、身心问题的回应⋯⋯⋯⋯⋯⋯⋯⋯⋯⋯⋯⋯⋯⋯⋯⋯⋯44
　　三、心智的科学研究⋯⋯⋯⋯⋯⋯⋯⋯⋯⋯⋯⋯⋯⋯⋯⋯⋯47
　第二节　陷入"标准解释"误区⋯⋯⋯⋯⋯⋯⋯⋯⋯⋯⋯⋯⋯⋯48
　　一、何谓"标准解释"⋯⋯⋯⋯⋯⋯⋯⋯⋯⋯⋯⋯⋯⋯⋯⋯49
　　二、"标准解释"的误导作用⋯⋯⋯⋯⋯⋯⋯⋯⋯⋯⋯⋯⋯51
　第三节　意义缺失的批判⋯⋯⋯⋯⋯⋯⋯⋯⋯⋯⋯⋯⋯⋯⋯⋯⋯53
　　一、塞尔的质疑⋯⋯⋯⋯⋯⋯⋯⋯⋯⋯⋯⋯⋯⋯⋯⋯⋯⋯⋯53
　　二、德雷福斯的责难⋯⋯⋯⋯⋯⋯⋯⋯⋯⋯⋯⋯⋯⋯⋯⋯⋯55

三、皮奇尼尼的疑问··56

第三章　心智研究进路的重构··58

第一节　心智研究新观念··59
　　　一、下向因果观念的运用··59
　　　二、生物学启发思想的介入··62
　　　三、进化观念的渗透··63

第二节　元规则：一种伪具身进路··64
　　　一、元规则策略··65
　　　二、笛卡儿的启示··68

第三节　重构的必要性··70
　　　一、回归整体性命题··70
　　　二、走出中文屋困境··73

第四节　重构的两个向度··76
　　　一、向度一：激进具身层面··77
　　　二、向度二：社会文化层面··86

第五节　心智研究的中间地带··92

第四章　心智非机械论进路··95

第一节　非机械论世界图景··96
　　　一、非机械论物理学··97
　　　二、整体的世界观··98
　　　三、非机械论的心物观··101

第二节　方法论的嬗变：从"结构"到"动力学"··110
　　　一、经典的结构观念··111
　　　二、结构的消解··116
　　　三、动力学关系的确立··119
　　　四、一个案例：从结构表征到动力学非表征··121

第三节　计算观念的新范式 ·· 128
一、何谓"自然计算" ··· 129
二、范式转向：互动计算 ··· 130
第四节　走向有意义的信息 ·· 131
一、整体信息观念 ··· 131
二、隐缠序和信息观念 ··· 135
第五节　心智研究的后现代转向 ·· 138
一、心智研究的新范式：互助论 ·· 138
二、从机械模型到自组织模型 ·· 141
三、走向"有机体意义" ··· 143

结束语 ·· 148

参考文献 ··· 151

后记 ··· 161

绪　论

第一节　研究的旨趣

谈论本书的研究旨趣，就不能不提到所谓的"中文屋论证"（the Chinese room argument, CRA），或者更为准确地说"升级版的中文屋论证"。任何接触过心智哲学的人，对于中文屋论证可以说都并不陌生，这一思想实验令它的提出者约翰·塞尔（John R. Searle）享誉哲学界。但是，对于升级版的中文屋论证，恐怕许多人知之甚少。我们之所以称其为"升级版的中文屋论证"，原因在于这一所谓的"新论证"（the new argument, NA）从另一个角度批判了强人工智能，而且在塞尔看来，"中文屋论证"与"新论证"在本质上有着巨大的差异。个中原因在于，前者意图表明：语义并非内在于句法；而后者意图表明：句法并非内在于物理。所以，塞尔认为，这就意味着"新论证"较之于"中文屋论证"更为深刻[①]。

在"新论证"中，塞尔有一个重要的预设，即计算是与观察者相关的。塞尔之所以提出这一预设，主要基于两个方面的理由：一是句法是与观察者相关的；二是使得计算具有计算特征的一切事物都是句法的。由于句法是与观察者相关的，所以句法符号的物理属性不会使其独立于任何人的意向性[②]。

有了这样的一个预设，塞尔即可顺理成章地进行以下步骤的论证。首先，根据传统定义，凭借符号的操作，计算通过句法而得以定义。其次，句法和符号并不能凭借物理来定义，尽管字符（symbol tokens）总是一些物理的符号，但是字符并不能通过物理特征来定义。简而言之，句法并不内在于物理。再次，计算不能在物理中被发现，其不过是被分派的，这样使得某些物理现象能够通

[①] John R. Searle. The Mystery of Consciousness[M]. New York: The New York Review of Books, 1997: 17.
[②] John R. Searle. The Mystery of Consciousness[M]. New York: The New York Review of Books, 1997: 239.

过句法得以解释。但是，句法和符号是与观察者相关的。最后，尽管能够分派一个计算的解释给数字计算机，但不能得出"大脑本质上是数字计算机"的结论，正如能给予任何别的事物一个计算的解释。

在"新论证"中，塞尔特别强调：句法并不是内在于系统物理之中的，而是存在于旁观者的眼中。这也就是说，计算不是内在于自然的，而是与观察者相关的。那么，塞尔眼中的物理学到底是一种怎样的自然科学呢？原来，在塞尔看来，自然科学处理的自然特征一般是内在的或独立于观察者的，或者说，它们的存在独立于任何人的思维[①]。

不难发现，塞尔的上述看法契合了人们对现代自然科学的主流看法。然而，这一主流看法之立场何在呢？从爱因斯坦自传的一段话中，我们能够管窥一二。爱因斯坦在自传中指出[②]：

在现存的宇宙中我们基本上是被动的观察者，对宇宙几乎没有什么影响力，那里存在着一个独立于人类之外的巨大世界，如永恒而伟大的奥秘般矗立在我们面前。不过，其部分的存在，我们至少伸手可及，能够加以检验与思考。

究其根本，上述立场事实上包含了一种祛魅的哲学，其推崇一种所谓的"自然的祛魅"，亦即否认自然具有任何主体性的经验和感觉。正是基于这一消极的态度，自然被剥夺了其丰富的属性，成为抽象的、空洞的实在。在这一过程中，由伽利略所创立的、继而为笛卡儿所完善的分析法，起到了重要的推动作用。作为一种具体的科学研究方法，分析法是一种有重要价值的研究方法，其在科学发展史上功不可没。但它毕竟是一种有限的方法，一旦将这样一种有限的科学方法非法地升格为哲学方法，夸大为无限的方法，就导致了形而上学的还原论。还原论要求将事物从复杂还原到简单，从多元还原为一元。根据这种方法，要了解事物的真相，就必须尽可能地了解构成事物的最简单的基本粒子或"终极粒子"。由此可知，它是事物的最小单位，是构成一切事物的基础；它代表着存在之本身，是存在的存在；它的特性规定了事物的特性。一般而言，在终极粒子中是没有精神的位置的[③]。

在上述还原论的背景之下，形成了认知研究的一个核心纲领——心智的计

[①] John R.Searle.The Mystery of Consciousness[M].New York：The New York Review of Books,1997：14-15.
[②] 转引自：[美]桂格·布莱登.无量之网——一个让你看见奇迹、超越极限、心想事成的神秘境地[M].达娃译.台北：橡实文化出版社,2010：8.
[③] 王治河.别一种后现代主义（代序）[A].见：[美]大卫·格里芬.后现代科学——科学魅力的再现[M].马季芳译.北京：中央编译出版社,1995：5.

算主义，即对心智的最好理解，是将其视为心智中的表征结构以及在这些结构上的计算程序①。这就意味着，认知过程是一种基于规则的符号操作过程，而心智或大脑则是一种物理符号的系统，大脑被看作是生物的硬件，而心智是运行于其上的软件②。这一思想在纽维尔（Allen Newell）和西蒙（Herbert A.Simon）所提出的"物理符号系统假设"中被深入地加以阐述。

从本质上讲，心智的计算理论（computational theory of mind, CTM）是一种形式化的抽象，因为该理论中的计算被视为一种形式化的符号操作。这一思想起源于20世纪初数学界的一场大讨论，当时数学家希尔伯特（David Hilbert）提出了一个颇有影响的形式化纲领。为了将数学还原为一个有限的形式化系统，他将形式化的推理视为"符号游戏"（symbol game），使得推导规则可以通过符号的句法特性得以表达。依据希尔伯特的形式化纲领，数学的大部分领域都可以被形式化。形式化意味着确立一种基本语言，用以建构公理与推导规则的体系，并以之进行推理，其中重要的语义关系则被认为能够最终得以保留③。基于这种形式化的理念，人们得到了一种形式化的计算观念。尽管人们通常将计算视为一种信息处理过程，但在形式化的计算观念的影响之下，信息的意义并不是内在的，而是外界所赋予的，换言之，信息是一种"去语义"的信息。

然而，如前所述，在"新论证"中塞尔曾提出一个假定，即计算是与观察者相关的④。较诸形式化的计算观念，这一假定毋宁说预设了一种新的计算观念。我们知道，计算观念的更新总是伴随着其他一些观念的更新，诸如信息观念和物理学观念⑤。这就意味着，为适应塞尔这一新的计算观念，我们需要引入一个新的信息和物理学观念，进而需要引入一种新的世界观。塞尔认识到在新旧计算观念之间，存在着巨大的不匹配性，这事实上构成了传统人工智能研究的"阿喀琉斯之踵"。这一洞见正是塞尔"新论证"的基础，同时也是本书展开进一步论述的出发点。我们认为，鉴于新的计算观念与传统物理学不相匹配，有必要引入一种与之相匹配的、新的物理学。这种新的物理学，即是我们将在后

---

① [加]萨伽德.认知科学导论[M].朱菁，陈梦雅译.上海：上海辞书出版社，2012：11.
② [美]R.M.哈尼什.心智大脑与计算机：认知科学创立史导论[M].王淼，李鹏鑫译.杭州：浙江大学出版社，2012：11.
③ Gordana Dodig Crnkovic.Significance of models of computation: from turing model to natural computation[J].Minds & Machines，2011，(21)：305.
④ 这里需要指出的是，尽管我们一再强调"计算是与观察者相关的"一种新的计算观点，但是为了区分其与传统计算观念的巨大差异，我们并不赞同将这一新的计算观念归之于心智计算主义的范畴，因为心智计算主义的本质内涵正是借由传统计算观念而体现出的。
⑤ Gordana Dodig Crnkovic.Significance of models of computation: from turing model to natural computation[J].Minds & Machines，2011，(21)：304.

文详述的非机械论物理学。

物理学家约翰·惠勒（John Wheeler）曾经以大胆、清晰和图像式语言，描述了这种非机械论的物理学观念。相对于爱因斯坦的上述观念，惠勒对人类在造物中的作用有极端不同的看法。因而，他以全然不同的角度，诠释我们和这个世界的关系，说明我们不可能只是单纯观察宇宙在周遭变化。正如惠勒所指出的[①]：

> 我们老认为外面有个宇宙，而人类在这里，在一片六英寸厚玻璃的保护下，安全地观察着宇宙。但是，如今我们从量子世界学到一件事，即使是观察电子这般微小的物体，也必须打破玻璃，进入那里，也就是说，得把过时的名称"观察者"从书上划掉，放上新的名称"参与者"。

但是，若能把自己视为造物运动的参与者，而非宇宙的单纯过客，必须对宇宙是什么、如何运作，持一种全新的看法。如此极端的世界观正是物理学家大卫·玻姆（David Bohm）研究工作的基础，玻姆的开创性理论使我们能以完全不同的观点，就某一方面而言，也是近乎全像的（holistic）角度，来看待宇宙和自己在宇宙中的角色。

总之，新的计算观念需要我们相应地更新既有的信息观念、物理观念及世界观。这样一来，我们才能解心智研究的困局于倒悬。那么，我们应该如何着手呢？

一方面，我们需要引入一种新的信息观念，这种新的信息观念拒斥任何形式化的抽象，展现了更高水平的组织性，而且其总是与生命体密切相关。在这一信息观念中，信息的一大功能即是作为语义之载体。

另一方面，与机械论世界观相对照，我们需要引入一种后现代的整体有机论。按照玻姆的观点，后现代的整体有机论是后现代有机论和后现代整体论的结合体。后现代有机论认为，所有原初的个体都是有机体，都具有哪怕是些许的目的。一切事物都是主体，它们都有内在的联系。从目的论意义上看，所有生物都是生命的核心，都有其自身的利益，所有的生物都具有平等的内在价值。整体论则认为，我们之所以关注人类厕身于其间的健全的生命圈，因为这样一个世界远比一块熔化的岩石更有价值。但是，除非我们能够说出，从哪种观念上它更有价值，否则这种观念就难以理解。这种使得生命价值高于岩石价值的观念，便是"整体的观念"。需要指出的是，后现代整体论所讲的"整体"是指"完整的整体"

[①] 转引自：[美]桂格·布莱登.无量之网——一个让你看见奇迹、超越极限、心想事成的神秘境地[M].达娃译.台北：橡实文化出版社,2010：7-8.

或"流动的整体",整体包含于每一部分之中,部分则被展开成为整体①。

如果说在机械论世界观背景下,基于计算和信息的标准定义,我们构建了一种心智的计算表征理论,我们姑且称之为"心智机械论进路",那么在整体有机论的后现代世界观背景下,基于新的计算和信息观念,我们则走向另外一种新的认知理论,我们则称之为"心智非机械论进路"。我们认为,通过剖析这两种研究进路的本质及差异,一是能够对"新论证"有所回应;二是能够进一步发现,这两种不同心智进路更迭交替折射出深层次的哲学意蕴——计算和信息观念、世界观的变迁,乃至现代主义与后现代主义之间的交锋;三是对未来心智研究的发展方向有所展望。

我们还注意到,随着高新技术的不断发展,心智机械论进路试图融入一些认知科学研究的最新成果,但万变不离其宗,其仍然局限于机械论框架,从而摆脱不了意义缺失的困境,因此该进路仍将会遭到激烈的抵制;另外,作为心智研究的一个新的研究进路,心智非机械论进路日益受到人们的青睐,虽然其基于一种模糊的(或不精确的)复杂系统理论框架(特别是自组织理论),但是,却进一步深化了我们对"大脑-身体-心智"整体结构的了解,同时使我们深刻体会到自组织体与心智意义之间所具有的共生关系。

值得指出的是,在上述观念的影响之下,人们往往片面地强调一个方面的进路,而对另一个方面的进路则视而不见,从而从一个极端走向了另一个极端。然而,我们知道,在研究人类智能和行为时,我们可资利用的一系列复杂的手段之中,不仅应该包括心智非机械论进路中的复杂系统理论及隐缠序(implicate order)观念等,还应该包括机械论进路中的机械模型策略,换言之,心智机械化的策略也应该是其应有之义。所以,当我们强调"身体-环境"耦合的复杂动力学研究时,也应该辩证地看待心智机械论进路,亦即正确认识和评价其在心智意义论题的地位,而不是将其简单地予以舍弃,从而将两种不同的心智研究进路完全对立起来。

综上所述,我们如何在两种心智研究进路之间保持一种必要的张力?我们怎样才能保持两种进路之间的联系,同时又不会模糊二者之间的界限?什么是一种更为深入的心智研究的方式?我们如何能够得到?我们相信,对这些问题的反思和探索,终将引导我们步入一个新的"心智作为科学研究对象"的时代,其间我们或许能窥探到认知研究未来的走向,这也正是本书研究的旨趣之所在。

---

① [英]大卫·伯姆.后现代科学和后现代世界[A].见:[美]大卫·格里芬.后现代科学——科学魅力的再现[C].马季芳译.北京:中央编译出版社,1995:6-7.

第二节　国内外研究现状述评

20世纪50年代"认知革命"发生之后，认知主义大行其道。作为对行为主义的一种修正，认知主义放弃了一切否认内部心理状态的狭隘观点，转而以内在的符号表征作为其本质特征。正如文森特·德贡布（Vincent Descombes）所言[1]：

> 认知主义即是一种心理哲学的显现，基于表征、因果、规则等观念，其试图构建一个心智的系统科学。

作为认知研究的经典范式，认知主义可谓毁誉参半：一方面，它引导认知研究走出了形而上学的哲学迷思，转而步入实证科学研究的广阔视野，对认知科学的各个领域都产生了深远的影响；另一方面，随着认知研究走向深入，它也逐渐暴露出了一些致命的缺陷，突出表现为其无法解决一些根本性的难题，诸如符号接地问题、表征问题、符号表征问题、常识问题、规则描述和专家系统问题、框架问题等[2]。在《重构认知的世界》一书中，惠勒的一番发问可谓切中要害，道出了认知主义的这一困境[3]：

> 处于一个动态变化的世界，一个不懂魔法的系统（nonmagical system）如何顾及此世界中那些举足轻重的状态变化，同时忽略那些无足轻重的状态变化？处于特定行为语境时，这一系统如何从所拥有的全部信念之中检索和修正（必要时）那些相关的信念？

在各种后认知主义（after cognitivism）哲学思潮的冲击之下，对传统认知研究进路的反思已然成为当代认知哲学研究的重要论题之一。这一点突出表现为众多国外学者致力于具身认知理论的相关研究。

一般认为，具身认知的研究兴起于20世纪80年代。最初，有关具身认知的讨论仅仅是哲学领域有关身心关系问题的形而上学思考，随后开始成为心理学中的一种理论思维，并逐步进入实验心理学领域[4]。一般而言，具身认知的思想可归结为[5]：

---

[1] Vincent Descombes. The Mind's Provisions: A Critique of Cognitivism[M]. Stephen Adam Schwartz (trans.). Princeton: Princeton University Press, 2001: 66.
[2] 张铁山. 非涉身认知的计算——表征范式的困境及其表现[J]. 安徽大学学报, 2013, (1): 29.
[3] Michael Wheeler. Reconstructing the Cognitive World: The Next Step[M]. Cambridge: The MIT Press, 2005: 179.
[4] 叶浩生. 身心二元论的困境与具身认知研究的兴起[J]. 心理科学, 2011, 34(4): 999.
[5] 李恒威, 盛晓明. 认知的具身化[J]. 科学学研究, 2006, 24(2): 184.

认知不是一个先验的逻辑能力，而是一个连续进化发展的情境性过程；身体在认知中之所以是核心的，是因为身体活动本身体现了一种推动认知发展的所谓"生存意向性"。

一般认为，具身认知的哲学思想渊源可追溯至梅洛－庞蒂（Maurice Merleau-Ponty）等的现象学。例如，受梅洛－庞蒂哲学思想的启发和指导，瓦雷拉（Francisco J.Varela）确立了自己的认知研究方向。他认为，遵循西方科学文化的要求，我们要将自己的身体不仅视为物理结构，而且视为活生生的经验结构，换言之，既作为外在的，也作为内在的；既作为生物学的，也作为现象学的。而且，这种具身的双重性并不是彼此对立的；相反地，我们不断地在两者之间穿梭[①]。

时至今日，认知的相关研究早已脱离了早期的科学观——机械论的模式，逐渐进入一种系谱学的整合性思维之中。国外学者分别从认知语言学、人工智能、哲学、系统科学等多个角度介入认知具身问题，使得具身的概念成为当下最时髦的认知科学概念之一，其中一些有代表性的观点如下：

德雷福斯（Hubert L. Dreyfus）认为[②]，正是表征主义使得人工智能研究遭遇框架问题而不可为，而认知理论必须从根本上避免重蹈传统理论的覆辙，即先验地将心智和现实割裂开来。因此，他提出了一种具有反表征主义意味的具身理论。

安东尼·卡麦若（Anthony Chemero）提出激进的具身认知科学进路，捍卫了一种动力学和表征消去主义的立场，即承诺在方法论上放弃使用表征，转而以动力学的方法来说明知觉、行为和认知[③]。

南茜·墨菲（Nancey Murphy）认为，心智的理解涉及与世界互动的较高层次的动力学系统，而且意义是由社会世界中的行为所确定的。因此，应该拒斥一种所谓的神经的还原主义[④]。

赫尔曼·哈肯（Hermann Haken）从寻找复杂系统的一般原理出发，深入研究了认知系统的意义生成以及信息在认知系统中扮演的关键角色。他特别指出，

[①] [智]F. 瓦雷拉，[加]E. 汤普森，[美]E. 罗施著. 具身心智：认知科学和人类经验[M]. 李恒威，李恒熙，王球，于霞译. 杭州：浙江大学出版社，2010：xvii.

[②] Karl Leidlmair.After Cognitivism: A Reassessment of Cognitive Science and Philosophy [M]. New York: Springer, 2009: ix.

[③] Anthony Chemero.Radical Embodied Cognitive Science[M].Cambridge: The MIT Press, 2009: xi.

[④] Nancey Murphy, Warren S. Brown.Did My Neurons Make Me Do It? Philosophical and Neurobiological Perspectives on Moral Responsibility and Free Will [M].New York: Oxford University Press, 2007: 10-11.

这方面的研究与自组织理论对认知科学的解释有着密切的关联①。

不难发现，对认知主义的批判集中表现为对表征观念的否定立场。有鉴于此，一些学者甚至相信，在批判计算表征主义范式的同时，认知研究可能重新导向了行为主义②。例如，威廉姆·拉姆塞（William M. Ramsey）认为，表征主义之后，许多理论张扬反表征的态度，标志着认知研究向早期的行为主义策略回归。在其著作《表征的再思索》中，拉姆塞如是说③：

> 心理学中认知主义的兴起被认为是一场认知革命，认知表征成为这场革命的主角。经历认知革命之后，一场相反的革命正在发生，许多当代的理论更接近于许多行为主义的描述，从而回归一种特定的心智的理论，其间认知表征不担当任何说明的角色。

当然，许多学者并不同意这种回归行为主义的激进观点，他们回应说：批判认知主义并不意味贬低认知的作用，只不过换了一种角度看待认知。

值得注意的是，相对于卡麦若等的激进的具身进路，其他一些学者的具身态度则显得较为温和。例如，何布勒（Anne Reboul）认为④，具身的情景认知是成立的，但激进的具身认知科学，特别是卡麦若的表征取消主义却是不能成立的。何布勒采取的论证策略是，通过对认知过程的一些实例进行考察，以表明某些认知过程的最优说明中包含着表征。

毋庸置疑，传统认知进路所遭遇的框架问题等难题，归根结底亦即心智的意义难题。例如，传统人工智能领域中，认知系统完全依赖于为符号操作而设计的程序语言。为了能够承载一定的意义，符号必须指涉其他的事物。但是，在认知系统中某一符号所指涉的意义可归之于同一系统中的其他符号。在这一过于局促的视野之中，符号意义主要存在于系统内部。这在一定程度上造成了对意义的不切实际的隔离⑤。此外，对于意义难题，我们还可以给出一些较为通俗的解释，即我们还不能完全理解一个所谓的"关系基础"，借此赋予"词语"

---

① Hermann Haken.Information and Self-Organization: A Macroscopic Approach to Complex Systems[M].3rd ed New York: Springer, 2006.
② 这里的行为主义并非完全指涉传统的行为主义，或许可以更为温和一些。比如，威廉·乌塔尔后期的行为主义。乌塔尔认为，他的哲学取向经历了一次巨大的转变——从还原主义转向了非还原的行为主义。尽管这种新版本的行为主义不同于老版本的行为主义，但两者都坚信：关于心智内在运作机制的心理学研究无法实现。见：William R.Uttal.Dualism: The Original Sin of Cognitivism [M].Mahwah: L.Erlbaum Associates,2004.
③ William M. Ramsey. Representation Reconsidered [M].Cambridge,New York: Cambridge University Press, 2007: 223.
④ [法] 安娜·何布勒 (Anne Reboul). 对激进的具身认知科学的一个批判 [J]. 华东师范大学学报（哲学社会科学版），2011, (6): 2-3.
⑤ John Pickering. 2006.Beyond cognitivism: mutualism and postmodern psychology. http://www2.warwick.ac.uk/fac/sci/psych/people/jpickering/johnpickering/mutualism[2013-9-15].

以意义和指涉能力（referential capacity）①。

有鉴于此，心智意义相关论题的研究当仁不让，也成为具身认知研究一个重要组成部分。研究过程中，人们一方面逐渐认识到意义问题与意向性问题的相关性。例如，基于这一认识，墨菲聚焦于意向性的最基本的元素及初始的神经装置，并试图理解人类较为成熟的言语行为。他最终认为，如果将意义理解为具身行动者（其厕身于社会世界）的行为的一个功能，意义难题则可消弭②。另一方面，人们还逐渐认识到意义问题和语境问题的相关性。例如，科斯梅利（Diego Cosmelli）指出③，人类行为之意义显然涌现于特定语境之中。这也就意味着，心智并非一个抽象的或空灵的实体，而是一个"意义的单元"（unit of sense），因为心智是一个境遇现象（situated phenomenon），亦即一个源自于特定历史和生态语境的协同产物。

非经典认知进路的相关研究在国内也逐渐成为一个热点，特别是具身认知的研究。随着具身认知观念从纯哲学的思考走向实证的心理学研究，国内的不少学者愈发地意识到这一领域研究的重要性，他们分别从现象学、神经科学、生态主义和复杂性理论等角度出发，提出了各自的较有特色的观点，其中的一些观点颇具原创性，例如：

刘晓力提倡一种认知科学的新纲领，这一纲领以"认知是算法不可完全的"理念为基础，即正视图灵机算法可计算概念的有效范围，认识到只要不突破原有的"算法"概念，人们似乎就永远不能达到完全模拟人类智能的最高目标。因此，基于"认知是算法不可完全的"理念，她认为应该创立一种新的研究纲领，这样一来，人们不再局限于基于规则的系统，而是要从复杂性科学等领域不断汲取营养，积极探索更加有效的模式来解决认知科学的深层次问题④。

徐献军认为，海德格尔（Martin Heidegger）对胡塞尔超验现象学的批判以及梅洛-庞蒂用身体取代表征的主张，也适用于认知科学，从而具身认知研究应取代无身认知研究。在具身认知思想的产生中，海德格尔是一个关键的中介环节，因为海德格尔对胡塞尔以及整个传统哲学的批判，正是对无身认知思想的

---

① Terrence W. Deacon.The Symbolic Species: The Co-evolution of Language and the Brain [M]. 转引自：Nancey Murphy, Warren S.Brown. Did My Neurons Make Me Do It? Philosophical and Neurobiological Perspectives on Moral Responsibility and Free Will[M].New York: Oxford University Press,2007: 149.
② Nancey Murphy, Warren S.Brown. Did My Neurons Make Me Do It? Philosophical and Neurobiological Perspectives on Moral Responsibility and Free Will [M].New York: Oxford University Press,2007: 150-151.
③ Diego Cosmelli, Agustín Ibáñez. Human cognition in context: on the biologic, cognitive and social reconsideration of meaning as making sense of action[J]. Integr Psych Behav , 2008, 42: 235.
④ 刘晓力.认知科学研究纲领的困境与走向 [J]. 社会心理科学 ,2005, 20(4): 10-17.

费多益阐释了一种具身认知范式的核心理念与主张，在此基础上她着重考察了其理论获得认同的神经生物学证据。由此，她要达到的目的即是，凸显了具身认知作为一种认知研究新兴发展趋向的方法论意义及其影响[2]。

陈巍等通过对第一代认知科学三大主流取向——符号计算主义、联结主义与生态主义进行系统的论述，分析其各自内涵与困境，借此，他们认为"离身"谬误是造成第一代认知科学危机根源的主要原因[3]。

叶浩生指出，具身认知观念假定身体在认知中发挥着关键作用，最初其只是一种哲学思考，但是现在这种哲学思考已经开始走向实证领域，换言之，实验的认知心理学家开始从具身的角度看待认知，形成了具身认知研究思潮。但是，他认为，具身认知研究也面临着许多亟待解决的问题[4]。

于小涵、李恒威指出，传统认知主义不自觉地以为发生在头脑中的认知过程对整个认知任务的认知实现是充分的。然而，随着认知任务的难度和复杂性的增加，人们开始意识到认知任务的实现须依赖更广泛的系统条件。这使得系统性成为20世纪50年代以来认知研究的一个基本维度，并因此引发了关于心智和认知的本性及其边界的广泛的争论[5]。

无论如何，认知的非经典研究进路看似五花八门，实则一般都可归之于"后认知主义"阵营，其涵盖了生态心理学、基于行为的人工智能（behavior-based AI）、具身认知、分布式认知、知觉符号系统、互动主义（interactivism）、动态系统理论等诸多研究领域。这些不同的研究领域何以能够归于同一个阵营？在我们看来，主要原因在于它们在最低限度上达成了一个共识[6]：

在理解认知和行为时，人们必须从具身系统的动态互动（耦合）切入，而且该具身系统必须要嵌入其所处的世界，并与之发生千丝万缕的联系。换言之，理解智能涉及理解某种耦合系统（the coupled system），而非仅局限于孤立的大脑或心智自身。

究其本质，认知研究进路之分野，在深层次上体现着心智研究中哲学思潮

---

① 徐献军．具身认知论——现象学在认知科学研究范式转型中的作用[D]．杭州：浙江大学博士学位论文，2007：6-10．
② 费多益．寓身认知理论的循证研究[J]．科学技术哲学研究，2010，27：15-20．
③ 陈巍，陈波，丁峻．第一代认知科学五十年：离身谬误与危机根源[J]．山东师范大学学报（人文社会科学版），2010,(4)：46-49．
④ 叶浩生．具身认知：认知心理学的新取向[J]．心理科学进展，2010，18(5)：705．
⑤ 于小涵，李恒威．认知和心智的边界——当代认知系统研究概观[J]．自然辩证法通讯，2011，(1)：21-27．
⑥ Toni Gomila, Paco Calvo.Directions for an embodied cognitive science: toward an integrated approach [A]. In: Paco Calvo, Antoni Gomila. Handbook of Cognitive Science: An Embodied Approach[C]. San Diego: Elsevier Ltd, 2008: 7.

的消长。伴随着对认知主义的批判,后认知主义者不再囿于笛卡儿哲学的框架,他们转而投入现象学的怀抱,尤其注重从海德格尔、梅洛-庞蒂及维特根斯坦等的哲学思想中汲取灵感。同时,我们也注意到,尽管他们的研究方法和视角不尽相同,但其论证背后却都仰赖着某种后现代主义思想,在这一点上它们可谓殊途同归般地惊人地相似。所以,在我们看来,认知研究中无论是以"后认知主义"自居,还是以"反表征主义"标榜,一种建构的后现代主义的哲学意味,尽在于斯[①]。

不仅如此,从认知主义转向后认知主义,人们的科学观和世界观也发生了一次剧烈的蜕变。人们一般认为,意识或者更为宽泛地说心理活动,经由某种方式与物质大脑的行为相联系。由于量子理论是目前我们所掌握的最基本的物质理论,人们很自然地追问,量子理论是否在理解意识方面对人们有所助益。现实中,借助于量子理论,学界提出了不同的认识论假设,指涉了不同的神经生理学的描述层次。可以说,从开创者冯·诺伊曼(von Neumann),到其追随者魏格纳(E. P. Wigner),再到当今集大成者亨利·斯塔普(Henry P. Stapp),他们都遵循着这一思想的脉络,并为之做出了不懈的努力。这一进路当然不无困难,却也不无希望。从经典的牛顿物理到量子理论,理论研究框架的转向为人们重新审视心物观,提供了一个难得的契机。

最后,当前的科学哲学和认识论,抑或是遭遇发展的瓶颈而裹足不前,抑或是合法性屡遭质疑而迷失方向,都迫切地需要从认知科学中汲取力量,重回传统身心问题的根本之处再加以思考,后认知主义论题研究重要性因而日益凸显,同时我们也应该看到,就目前的研究现状而言,这一论题的挑战和机遇并存:

一方面,后认知主义正在成为心智研究一种新的取向。认知具身观念不仅在哲学界引发广泛争论,心理学界的众多学者也开始严肃地对待这一观念,如此一来,"认知心理学需要一场重要的变革,即从最初的控制条件下的认知研究转向原生态的、自然条件下的认知研究"[②]。

另一方面,后认知主义思潮分支学科众多(这一趋势愈演愈烈),思想杂糅散漫,因而缺乏共同的立场和观点,使得人们很难对这一领域的进步予以评价。但是,说到底,一个互动的、延展的后认知主义架构应该是一个经验的工作假

---

① 需要指出的是,这里我们不曾有意于"没有真理的存在,一切都只是诠释"这一说法,相反地,我们欣赏的是一种具有建设性特质的后现代主义。
② 转引自:叶浩生. 具身认知:认知心理学的新取向 [J]. 心理科学进展,2010,18(5):709.

设①。于是，为今之计，是使用操作性的术语来阐明这一工作假设。显然，这也是非经典心智进路今后的主攻方向之一。

第三节 核心概念的界定

下面我们简要地对本书所涉及的主要概念予以界定，借此对两种心智研究进路所涵盖的现象和本质，进行一个简要的介绍和阐释，以期人们对本书的主题有一个总括性的认识。

一、心智机械论进路

在解释生物体的智能行为时，我们通常求助于感觉、意向等心理建构物，同时，我们假定"心理能力之下所隐藏的机制是某种物理机制"。但是，如何将知觉、记忆和意向性等通过物理状态和过程予以机械化实现呢？为解决这一难题，人们构思了种种方案。这些方案看似不同，却共享着一个核心的理念，即对思维最恰当的理解，是"将其视为心智中的表征结构以及在此结构上操作的计算程序"，这就是所谓的心智的计算理论。自此之后，硬、软件二分的计算机隐喻成了经典计算主义的核心要义。正如认知主义的代表人物福多（Jerry Fodor）和派利夏恩（Zenon Pylyshyn）所言②：

人们可以假定，在经典模型中的符号结构对应于大脑中的真实的物理结构，并且表征的组合结构（combinatorial structure）对应于大脑中的物理特性的结构关系。

（一）心智的计算理论

我们知道，生物体（特别是人类）可以通过特别微妙的、特定的和适应性的方式对环境做出种种反应。在解释生物体的能力时，我们通常求助于诸如感觉、记忆和意向等心理建构物。另外，我们假定，心理能力之下隐藏的机制乃是一种神经机制——没有大脑和心智的位置。但是，我们很难将心智建构物与

---

① Toni Gomila, Paco Calvo.Directions for an embodied cognitive science: toward an integrated approach [A]. In: Paco Calvo, Antoni Gomila . Handbook of Cognitive Science: An Embodied Approach[M].San Diego: Elsevier Ltd, 2008: 11.

② Toni Gomila, Paco Calvo.Directions for an embodied cognitive science: toward an integrated approach[A]. In: Paco Calvo, Antoni Gomila. Handbook of Cognitive Science: An Embodied Approach[M]. San Diego: Elsevier Ltd,2008: 2.

其神经的实现物（neural realizers）联系起来。也就是说，如何将知觉、记忆和意向性等通过神经的状态和过程予以实现，这一难题以各种形式始终困扰着心智研究和脑科学[①]。

在20世纪50年代，沃伦·麦卡洛克（Warren McCulloch）等为了说明认知过程，曾经构思了一个精巧的解决方案，即心理能力可以通过大脑中所实现的计算得以说明，这就是所谓的心智的计算理论，这一理论认为，心理能力或多或少地能够通过计算机制的能力得以说明。所以，按照这一理论，人们假定大脑即是一种计算的机制，其能力（包括其心理能力）能够通过计算得以说明。

自从心智的计算理论提出之后，它就受到众多学者的责难。例如，在某种相关的意义上，计算机制是否足以刻画大脑的所有特征？一些神经科学家不无疑问。心理能力的计算说明是充分的吗？一些心理学家给出了否定的回答。某些心理能力，特别是意识，能够通过计算得以说明吗？一些哲学家对这一说法不以为然[②]。

尽管心智的计算理论能否说明心理能力的各个方面不无争议，但是毫无疑问，其具有很强的说明能力。心智的计算理论假定数字计算机与心智最为相似，由于计算机能够处理信息，并且能够操作计算和推理，因而展示了一系列惊人的能力。所以，心智的计算理论对于那些寻求心智的机械说明的人具有很强的向心力，已然成为心理学、神经科学和自然主义倾向的心智哲学的主流说明框架。

事实上，心智的计算理论之所以能在心智研究占据主流地位，与一种流行的观点的推动密不可分。这一观点假定：在机械系统中存在着内在表征，而且该机械系统能够恰当地操作表征。换言之，计算之所以能够予以个体化（individuated），原因至少可以归之于其语义特性。至此，我们得到了所谓的计算说明的语义观，其散见于主流的心智研究著作。这一语义观点颇受人们的青睐，原因在于其符合人们的认知实践操作：计算机制的内在状态被视作表征，因其具有类似于心理建构物的表征特性。这里所谓的心理建构物包括知觉和意向性等，其一般被用于心理能力的说明[③]。

[①] Gualtiero Piccinini. Computational explanation and mechanistic explanation of mind [A].In: Massimo Marraffa, Mario de Caro, Francesco Ferretti. Cartographies of the Mind: Philosophy and Psychology in Intersection[M].New York: Springer,2007: 23.

[②] Gualtiero Piccinini. Computational explanation and mechanistic explanation of mind [A].In: Massimo Marraffa, Mario de Caro, Francesco Ferretti. Cartographies of the Mind: Philosophy and Psychology in Intersection[M].New York: Springer,2007: 23-24.

[③] Gualtiero Piccinini. Computational explanation and mechanistic explanation of mind [A].In: Massimo Marraffa, Mario de Caro, Francesco Ferretti. Cartographies of the Mind: Philosophy and Psychology in Intersection[M].New York: Springer, 2007: 25.

（二）心智的机械说明

伴随着心智的计算理论的兴起，人们发现心智的计算理论与机械系统有着密切的关系，原因在于——我们假定，在机械系统中存在内在表征，而且机械系统能够恰当地操作表征。大致而言，我们认为计算说明即是一种机械说明。

然而，在上述两种说明之间，我们并非总能找到一个清晰的界限。若对机械体的组分及其组分特定功能的某些方面进行抽象，仅诉诸机械体内在的状态和过程即可，而无需考虑其内在的状态和过程如何物理地予以实现。这就意味着，我们可以假定，机械说明能够用来说明机械体的能力。这显然是一种抽象版本的机械说明，我们通常称之为功能分析或功能说明。在实践中，将机械说明视为计算说明，具有一定的优势。原因在于，在生物学或工程学中我们已经确立了一些成熟的说明策略，而机械说明能够将计算说明与这些策略协调起来[①]。

另外，倘若审视科学家共同体所应用的说明策略，我们则可进一步了解心智的计算说明与心智的机械说明之间的关系。在试图理解和说明计算机的计算能力时，计算机学家并不将其局限于功能说明，他们转而诉诸成熟的机械说明。例如，首先，将计算机分解为处理器、记忆单元等组成部分；其次，将计算机的各组成部分以恰当的方式组织起来；最后，通过各组成部分在运作时所体现出的功能，说明计算机所运作的计算。显然，计算机科学家应用的是一种其领域特定的机械说明[②]。

综上所述，计算说明在本质上即是一种特殊类型的机械说明。对大脑和计算机而言，二者分别是生物的机械体和人工的机械体，因此，大脑和计算机的能力可以机械化地予以说明。尽管各种机械说明在描述细节上或许不尽相同，但是，对于以下三个方面的阐述，它们却达成了一定的共识[③]：

一是机械说明涉及将机械体分解为组成部分，将功能或能力分配到这些组成部分，并确认这些组分之间的组织关系（organizational relations）。

二是对机械体的任何能力而言，机械说明涉及机械体的恰当组成部分的恰当功能，在正常条件下机械体若能以恰当的方式组织起来，其就能产生某些所欲说明的能力。

---

① Gualtiero Piccinini. Computational explanation and mechanistic explanation of mind [A].In：Massimo Marraffa, Mario de Caro, Francesco Ferretti. Cartographies of the Mind：Philosophy and Psychology in Intersection[M].New York：Springer, 2007：28.

②③ Gualtiero Piccinini. Computational explanation and mechanistic explanation of mind [A].In：Massimo Marraffa, Mario de Caro, Francesco Ferretti. Cartographies of the Mind：Philosophy and Psychology in Intersection[M].New York：Springer, 2007：29.

三是对于机械体的组成部分而言,它们能力的实现也能通过相同的策略得以说明。也就是说,通过其组成部分的组分、组成部分的功能和组成部分的组织体等,我们可以说明机械体的组成部分。

(三)心智的碎片化理解

在心智机械论进路中,心智的机械模型万变不离其宗,皆可归之为最基本的笛卡儿模型,其包含两个方面的特征[①]:一是,经由感觉器官,大脑从世界接受信息的输入;二是,从这一刺激信息(stimulus information)中大脑抽象出某些特征,借此,大脑建构出世界的表征。于是,心智的机械模型的实现途径无非是应用规则,或是改变模拟神经元之间联系的权重。正是源于这两方面的特征,我们形成了心智的碎片化理解方式。

一方面,心智机械论进路无法回应笛卡儿的责难,因而终究没能破解意义难题。尽管笛卡儿生活的时代,超前于图灵等所开创的数字计算机时代逾三百年,但其对心智机械化可能性的反思至今仍有现实意义。可以说,心智机械论进路所建构的多层次模型,仍然可归于笛卡儿所假想的认知通用机之范畴[②]。笛卡儿对认知通用机的责难可以归结为:认知通用机不过是一个特定意图机制的集合体,它能够做什么,并非没有限制;没有什么单一的机器能整合庞大数量的特定意图机制,使之能够再生媲美于人类智能行为的巨大适应灵活性。在心智机械论进路中,我们对人类心智的机械化理解并非穷尽了人类理性的所有方面,以致无法生成类似于人类行为的巨大适应灵活性,换言之,我们所能机械化的无非是人类理性一个或几个方面而已。同时,特别需要指出的是,在心智的机械化过程中我们往往忽视了人类理性的社会文化方面。

另一方面,在心智的机械模型中,人们通俗地将智能(或认知)理解为机械符号的信息处理,换言之,智能(或认知)被认为是对表征符号的理性操作。这也就意味着,人们是在使用无意义的信息来说明智能行为的。这一思想受到了德雷福斯等的批判,他们的批判可以归结为以下一点[③]:

---

① Hubert L.Dreyfus.How representational cognitivism failed and is being replaced by body/world coupling[A].In: Karl Leidlmair. After Cognitivism: A Reassessment of Cognitive Science and Philosophy[C]. New York: Springer,2009: 58.
② 当今有一种倾向,即在认知机械论模型中将逻辑看作是与领域(domain)相关的,从而赋予逻辑在认知中更为活跃的角色。这也恰恰体现了特定意图的韵味,再一次印证了笛卡儿思想的超前性。
③ Maria Eunice Quilici Gonzalez.Information and mechanical models of intelligence: What can we learn from cognitive science? [A].In: Itiel E. Dror . Cognitive Technologies and the Pragmatics of Cognition[C]. Amsterdam,Philadelphia: John Benjamins Publishing Company, 2007: 111.

以图灵机为架构的计算机是按照预先确定的规则而构造的，并且其结构也是依照预定的相关性标准（criteria of relevance）预先决定的。因此，这里心智的意义是外界所强加的，而非内禀的。

我们知道，智能行为总是与有意义的信息捆绑起来的。然而固守着计算表征主义的传统范式，心智机械论进路往往无视这一点，因而不过是以一种碎片化的方式来审视信息、心智和现实的本质而已。

二、心智非机械论进路

如前所述，心智机械论进路存在着一个巨大的缺陷——意义的缺失，这也最终造成对人类心智的碎片化理解。为了重获缺失的意义，我们需要回归皮尔斯的整体性命题，并据此重构心智的研究进路。我们通过两个向度的重构而为之，即一方面引入"激进的具身认知"观念，另一方面引入罗姆·哈瑞（Rom Harré）的"第二次认知革命"观念，二者分别强调心智意义的具身维度和社会文化维度。借此，我们提出所谓的心智非机械论进路。具体而言，我们引入一种有别于传统内涵的信息观念——整体信息观念，其主要特质体现于"不是将心智从信息的疆域中剔除出来，反而是将其关联于信息过程的源头"[①]。最终，我们的目的即是实现一种心智研究范式的后现代转向。

（一）心智研究进路的重构

在心智机械论进路中，心理过程仅仅是人们通过其所掌握的心智碎片而拼凑起来的一个并不完整的心智图景，然而却被当作心智运作的真实描述。人们为说明的规则所左右，深陷于计算所建构的虚幻的现实之中，从而忘却了自身行为的背景技巧，殊不知该技巧无法彻底转化为任何形式的规则。

为了得到技巧行为的描述（其是意向的和有意图的），同时又不落入经典理性主义的陷阱，我们需要在非机械论世界观的背景下重构心智科学。为达此目的，我们认为，有两条研究进路重构的途径可供采纳：

首先，基于詹姆斯·吉布森（James Gibson）的生态信息观念，我们引入激进的具身认知进路，关注于心智意义的具身维度。其次，考虑到认知行动者必

---

① Maria Eunice Quilici Gonzalez.Information and mechanical models of intelligence: What can we learn from cognitive science? [A].In: Itiel E. Dror. Cognitive Technologies and the Pragmatics of Cognition[C]. Amsterdam,Philadelphia: John Benjamins Publishing Company, 2007: 117.

须置身于社会文化环境中，我们推崇哈瑞的"第二次认知革命"，聚焦于心智意义的社会文化维度。

（二）整体信息观念

认知研究是当今极为热门的一个研究领域，从数学到物理学，从计算机科学到心理学，众多学科都将目光投射于此，这些学科之间的联系存在着一个重要的扭结——信息。

信息是认知研究中最为重要的概念之一。在心智研究过程中，基于不同的信息观念，人们形成了不同的心智模型，可谓各有优劣。例如，德雷斯基提出一种基于表征的信息观念，尽管他意识到了意义整体性的重要地位，但是受这一信息观念之局限，本质上他还是以一种碎片化的方式来审视信息、心智和现实的本质[1]。与之不同的是，玛利亚·冈萨雷斯（Maria E. Q. Gonzalez）坚持一种整体的信息观念，并将其作为一种对待心智的态度和立场——不应该将心智从信息的疆域中剔除出来，反而应该将其关联于信息过程的源头。在冈萨雷斯看来，果真如此，人们才不会破坏心智的意义整体性，因为心智牵涉着复杂的动力学关系网。

由此，冈萨雷斯描绘了一种全新的心智观念，即将"有意义的信息"与"类心智系统的存在"这二者相互关联起来，从而避免了"循环论"最终摧毁整个意义理论。具体而言，冈萨雷斯描绘了一个系统的信息进路，从而导向了一个智能行为的非机械论研究。这一研究进路乃是基于一种新的信息观，即世界充满有意义信息，且我们无需通过表征把握这些信息，而需要一种生物体置身于其中的"隐缠序"的感觉。此外，这一心智观念与吉布森的生态信息观念有着莫大的关联：信息是生态的信息；生态信息可以理解为具有可供性（affordances）的动力学的复杂之网，其作为世界的源泉，有潜能促使生物体伺机而动[2]。

（三）心智研究的后现代转向

从"心智机械论进路"转向"心智非机械论进路"，不仅伴随着认知科学中

---

[1] Maria Eunice Quilici Gonzalez.Information and mechanical models of intelligence: What can we learn from cognitive science?[A].In: Itiel E. Dror .Cognitive Technologies and the Pragmatics of Cognition[C]. Amsterdam, Philadelphia: John Benjamins Publishing Company, 2007: 117.
[2] Maria Eunice Quilici Gonzalez.Information and mechanical models of intelligence: What can we learn from cognitive science?[A].In Itiel E. Dror .Cognitive Technologies and the Pragmatics of Cognition[C]. Amsterdam, Philadelphia: John Benjamins Publishing Company, 2007: 118.

计算和信息概念的一大转变，而且伴随着一种心智研究范式的后现代转向。在我们看来，后现代主义范式能够为心智研究提供一个全新的视角，以便现代心智研究能够走出意义迷失的境地：

首先，它强调所谓的"互助论"（mutualism）。后现代科学由"机械论"转向了"整体有机论"，并相应地引入一个具有后现代科学意蕴的心智研究范式，即互助论，其包括三个方面的内容：一是在解释下向因果观念时，物理因（physical causality）遇到了重重困难，人们转而求助于亚里士多德的"形式因"。"形式因"历来为现代科学所忽视，而在后现代主义的视野中其作用却是极为关键的。二是当涉及有机行为，还原观念显得不合时宜，因此需要诉诸所谓的涌现观念。三是通过玻姆的意义的生态学视角，采纳一种意义的生态学处理方式。

其次，它聚焦于"自组织模型"。现代主义的视野里，我们一般诉诸机械论模型来研究心智，然而在后现代主义视野里，心智作为一种复杂的系统，借由自组织模型来研究显然更为适合。一方面，在自组织模型中，组织体强调其组分的组织性，以及其组分之间的互动，特别是处于语境中的互动。另一方面，在自组织模型中，组织体的组分并不认为具有不可改变的性质和固定的行为，同时组织体的功能并不认为是预先设定的。换言之，组织体的组分相互依赖地运作着，以保持环境中整个组织体的功能。

最后，它关注于所谓的"有机体意义"（organic meaning）。从现代的"机械体"转向后现代的"有机体"，我们引入一种有机体的意义，即我们身体的脆弱性构成了生物体意义的基础，而且有机体意义作为一种整体的意义，其对世界具有彻底的依赖性，这是生物体拥有而经典计算系统所没有的特性。

第四节 思路和内容

一、本书的思路

逻辑学家皮尔斯曾经断言："心智、语言和世界之间的关系是一个不可还原的三元关系。"[①] 倘若是这样的话，我们可否说心智、意义和信息之间的关系是这

---

① K. Jon Barwise. Logic[A]. In: Robert A.Wilson,Frank C.Keil. The MIT Encyclopedia of the Cognitive Sciences[C]. London: The MIT Press, 1999: 484.

种三元关系的另一种更高层次的显现形式呢[①]？出于这种考虑，围绕着心智这一研究对象，本书循着"意义"这条思想主线，着重分析了两种心智研究进路的生成背景、本质特征、方法论取向，以及其所依托的计算和信息观念的哲学意蕴。

一方面，无论采用何种进路，意义始终是心智研究绕不过的一个话题。心智机械论进路有着辉煌的过去，它推动人们走出纯形而上学的迷思，真正以科学实证的方法来洞察心智；它并非对意义漠不关心，而是基于形式化的图灵机模型，误以为借此句法过程能够驱动语义过程，然而"知道有"和"实际有"毕竟是两码事，这就造成了一个致命的缺陷，即心智意义的缺失。可以说，本书的主体部分皆是围绕它而展开的，"意义"因而成为本书的一条主线。秉承心智机械论进路之要义——计算表征主义，传统认知科学迷失了心智的意义和内容，造成了对心智碎片化的理解。尽管近年来随着向下因果、生物学激励(biology-inspired)和认知进化等观念的引入，认知系统被置于与其环境的物理互动之中，使得心智研究趋向一定的拟人化和语境化，但是由于局限于机械论的框架，意义难题仍然无法破解。因此，回归皮尔斯的命题，突破心智碎片化理解的障碍，走出中文屋的困境，重构传统认知进路，乃当代认知研究一大要务。究其根源，意义难题有其深刻的机械论的世界观根源，因此，破解这一难题只得求助于另一种非机械论的世界观，从而引入一种新的计算观念和信息观念。于是，心智的非机械论进路应运而生。

另一方面，"信息"作为认知科学中起着扭结作用的重要概念，成为本书的另一条主线。在心智机械论进路中，局限于传统的信息观念，信息与其意义是相互割裂的，换言之，意义是被（观察者）强加于信息之上的。由此造成的结果是，人们以碎片化的方式审视信息、心智和现实的本质。反观心智的非机械进路，其中包含的信息观念在本质上截然不同。这是一种所谓的整体信息观念，并形成了一种对待心智的独特态度和立场，即不应该将心智从信息的疆域中剔除出来，反而应该将其关联于信息过程的源头。

生命体如何获得有意义的信息？为回答这一问题，心智非机械论进路进行一些有益的探索。因为意义源于所谓的"与世界互动的整合图式"，换言之，在某一系统中所发现的任何认知模式，都是从与环境的互动中来获得意义的。这就意味着，如果说身体起到了联结心智与世界的作用，那么意义则处于这一联结点之上，身体的属性也就随之成为我们最好的研究对象，因为心智正是基于

[①] 这么做符合科学的惯用手段，可以将基本的因果类型从局部力量这一较低层次的概念提升为更高层次的概念，从而便于寻求一种对事物的科学的因果说明。

身体而运作的[①]。基于这一具身的观念，参照哈斯拉格等的观点，我们推崇一种有机体意义的观念——我们身体的脆弱性及其对世界彻底的依赖性，构建了意义的基础，换言之，有机体意义作为一种整体的意义，正是有机体所拥有而传统计算系统所缺失的。

二、本书的内容

本书的内容主要包括绪论、主体和结束语三部分，其中主体部分由第一章至第四章的内容系统地构成。

在绪论中，首先，阐述了本书的研究旨趣，并揭示了其与塞尔中文屋论证的关联所在。其次，对相关的国内外研究现状做一简要的概述和梳理。再次，对本书所涉及的主要概念逐一进行简要的介绍，从而引出了心智的两种研究进路，即心智机械论进路和心智非机械论进路。最后，阐述了本书的思路和结构，指出"意义"和"信息"是贯穿全书的两条主线。

在第一章中，首先，介绍了心智机械论进路的理论背景——机械论的世界观，借此，厘清了这一研究进路的思想渊源。其次，论述了心智机械论进路的理论基础——计算表征理论，并以"逻辑隐喻"和"比例模型隐喻"(scale-model metaphor)为例，论述了心智机械论进路的实现途径，即从隐喻的提出到机械模型的确立。再次，通过论述图灵机模型的历史渊源，引出传统的计算观念，及其形式化的内涵。最后，论述了机械论框架内形成的一种传统的信息观念，并指出其主要的内涵即是表征。

在第二章中，首先，分别从三个方面，即信息层面的实践操作、解决身心问题的认知架构及纳入科学研究范围，论述了心智机械论进路的历史地位。其次，指出了心智机械论进路的软肋之所在，即在"标准解释"的误导之下，误以为"对心智的计算理论解读"大致等同于"关于心理表征的民俗观念"，亦即计算系统中的符号表征能够被视为信念、欲望、思想等的科学对等物。最后，分别论述了塞尔、德雷福斯和皮奇尼尼(Gualtiero Piccinini)对计算表征理论的批判，三人的批判大致可归结为一点，即心智机械论进路造成了心智意义的缺失。

在第三章中，首先，分别从三个方面论述了心智机械论进路出现的一些新

[①] Willem Haselager, Maria Eunice Q. Gonzalez.The meaningful body: on the difference between artificial and organic creatures[A].In: Angelo Loula, Ricardo Gudwin. Artificial Cognition System[C].Hershey,London: Idea Group Publishing, 2006: 240-241.

的动向，即下向因果性、生物学激励及进化等观念的引入。其次，通过论证"元规则策略"并不能成功应对"具身难题"，指出其是一种伪具身进路，从而进一步揭示心智机械论进路的深层次矛盾：人类理性似乎抵制任何机械化的理解，即便心智机械论进路进行了一些改良。再次，反思了心智研究的计算主义误区，从而揭示了回归整体性命题和走出中文屋困境的必要性。为此，我们相应地从两个向度对心智研究进路进行了意义重构，即激进的具身认知和"第二次认知革命"。最后，以"自然科学"和"文化科学"之争为启发，论证了两个向度的重构由冲突走向共存的态势，从而揭示了一个心智研究的中间地带。

在第四章中，首先，阐述了一个心智非机械论的世界图景，并在非机械论物理学和整体论的视域下重新审视了心物关系。其次，论述了心智非机械论进路中实现的一个方法论嬗变，即从"结构层面"转向"动力学层面"，并通过一个相关案例加以佐证。再次，一方面，指出心智非机械论进路实现了一个计算观念转向，即从"形式化计算"走向"自然计算"，从而将心智和意义关联于计算观念的源头；另一方面，指出该进路还实现了一个信息观念的转向，即从"基于表征的信息观念"走向"整体的信息观念"，从而将心智和意义关联于信息过程的源头。最后，论述了心智研究后现代转向的意蕴，并将其归结为三个方面：一是聚焦于心智研究的新范式：互助论。也就是说，强调"形式因"对于解释下向因果观念的重要作用；关注"涌现"观念，较诸"还原"观念，它更为适合解释有机行为；审视意义的生态学处理方式，借此诠释一种所谓的"有机秩序"。二是关注于自组织模型的转向。生命体是一个复杂的认知系统，对其可建构复杂的系统模型加以研究。但是，这种模型并非是经典的机械模型，而应该是一种自组织模型。三是放眼于一种有机体意义。我们身体的脆弱性及其对世界彻底的依赖性，构建了意义的基础，换言之，生物体以"自我保存"为诉求的身体抗争，使得意义"落地"。

在结束语中，一方面，指出心智进路的转向有着深刻的哲学背景，即现代主义和后现代主义的交锋，其对正确把握两种研究进路之间关系有所启发：两者之间不仅体现了一定的对立冲突，而且体现了一定的相互包容。另一方面，指出对于心智机械论进路应持一种持平的态度。也就是说，尽管我们推断机械论进路无法企及心智的意义，但是我们不能忽视其应有的作用，对心智研究其还将产生深远的影响。

第五节 创新与不足

某种意义上讲,具身认知的提出标志着心智研究范式从"认知主义"转向了"后认知主义"[①]。然则,由于学术背景和出发点的差异,不同的人对认知主义的批判也就着眼于不同的层面,同时,对认知主义之后的替代性研究进路也有着不同的期许。笔者自然也概莫能外。

挖掘和拓展塞尔中文屋论证的哲学意蕴,借此揭示当代人工智能研究的深层次困境,以期对心智研究进路的重构有所启发;与此同时,通过世界观、方法论和核心观念等多维度的比较和考量,旨在从"心智、语言和世界"整体性认同的层面,凸显新旧两种研究进路的分歧和对立;最后,在后现代意味的非机械论框架中,寻求一个整合心智和意义的突破点,以修正传统心智研究进路的"去语境化"和"还原主义"倾向。以笔者之见,本书的创新之处或许可归结于此。

然而,无论如何,笔者亦深知本书的不足之处:

一方面,借由非机械论的框架来研究心智,仅是我们的一个初步尝试而已,尽管我们期许其能为未来的心智研究开辟出一个丰富的想象力空间。如果说从这里开始,我们给出的只是一个粗线条的策略层面的考量,那么下一步,我们所谋求的应该是一个更为具体的操作范畴。然而,这一切也就意味着,未来的心智研究若能有所突破和超越,不仅有待于具身认知理论的进一步发展,而且希冀于经验科学的实质性进步。

另一方面,将心智研究置于后现代主义的背景之下,是要冒一定风险的。原因在于,后现代主义哲学确实包含了许多消极的因素,例如,它主张非理性主义和相对主义,片面地强调不确定性和零散化,以及过分地渲染现代化的弊端和恶果等。而且,正如后现代社会和文化的未来趋势尚难以预测一样,对于后现代科学的前景也有各种不同的看法,也尚难以作出精确的估计[②]。

但是,不管怎样,后现代视野能够使旧有问题得以重新显豁,研究思路因有了新刺激而进入新层面,从而促进了心智研究方法、理念、层面的更新,最终给人以新的启迪。在笔者看来,这一点无疑是值得肯定的。

---

① 黄侃.认知主义之后——从具身认知和延展认知的视角看[J].哲学动态,2012,(7):98.
② 王岳川.后现代:科学、宗教与文化反思[J].上海社会科学院学术季刊,2002,(3):140-148.

第一章 心智机械论进路

人们一直在追问，心智是什么？心智做了些什么？其如何进化及何以可能？换言之，我们试图了解心理过程及心智（或大脑）如何运作，然而，最终我们不得不回答——心智能否成为科学的研究对象？在试图回答这一问题的过程中，认知科学的传统进路一直致力于心智的机械化研究——基于计算表征的理论，构建多层次的认知模型，以期揭示心智运作的内在机制。

心智机械论进路为我们展现了一幅机械论的世界图景。心智亦属于自然机制的范畴，这一思想起源于将自然本身看作一种机制的观念[①]。所以，为了更深入地理解人们如此审视心智的方式，我们需要概括地理解人们这种看待自然的方式，以及在此方式之下衍生出的两个隐喻，即"自然即机器"隐喻和"心智即机器"隐喻。对于心智机械论进路，我们所持的态度是肯定的，还是否定的？我们首先需要了解心智的机械化本质，然后才能对此做出回答。

第一节 机械论的世界图景

现代西方世界观为我们展现了一个机械论的世界图景，它的思想渊源可追溯到17世纪的科学革命，其汇聚了伽利略、培根、笛卡儿及牛顿等众多学者的思想。这

---

① Tim Crane.The Mechanical Mind：A Philosophical Introduction to Minds, Machines and Mental Representation [M].2nd ed. London,New York：Routledge,2003：2.

些思想的合力汇聚成一个广阔的机械论背景,有力地推动了心智机械论进路的产生和发展。

一、机械论观念的由来

在中世纪及文艺复兴时期,人们所假象的世界图景不同于之后的机械论的世界图景。那时,人们一般通过有机的术语(organic terms)来思考世界,地球本身则被认为是一个生物体,从而形成了一种有机的世界图景。正如达·芬奇所生动描绘的[1]:

> 我们能说,地球有植物般的灵魂,其肉体即是大地,岩石构筑成其骨骼……池水汇聚成其血液,其呼吸和脉搏即是大海的潮起潮落。

这一有机的世界图景与亚里士多德的思想有莫大的渊源。在亚里士多德所构想的世界体系中,万物都有其自然"位置"和条件,事物能行其所行之,乃是事物达到其自然条件之本性所使然。这一图景不仅应用于生物体,而且应用于非生物体,即宇宙万物都可视为有其自身的终极目的。

到了17世纪,这一理念逐渐分化瓦解,并且产生了一个重要的观念变化——亚里士多德式的说明方法逐渐为机械论的说明方法所取代,前者凭借终极目的和本性,后者则依赖于运动物质的常规的、决定性的行为。观念发生变化之后,人们不再依靠研究和阐释亚里士多德的思想来理解世界的奥秘,而是通过观察和实验,凭借精确的数学工具,分析自然中万物之间的相互作用。在科学理解中,数学作为统计和测量工具的广泛使用,正是这一机械论世界图景的关键元素[2]。

事实上,伽利略曾经断言,宇宙——这一宏伟巨著——是用数学的语言写成的,除非领会数学的语言,否则无法理解这一巨著。人们继承了这一思想,相信通过使用确切的数学描述方法,就能够掌握自然的规律。这样,按照机械论的世界图景,事物的运动并不是要达到其自然位置或终极目的,也不是要服从上帝的意愿,而是要遵循了一定的自然规律。随着这种机械论世界图景的统治地位的确立,人们对生物体的观念也发生了颠覆性的转变,即通过非生物体的观念去理解生物体。

上述机械论作为一种现代思想在19世纪末期达到顶峰,并且直至今天仍是众多

---

[1] 转引自:Michael Wheeler. God's machines: descartes on the mechanization of mind[A].In: Philip Husbands, Owen Holland, Michael Wheeler. The Mechanical Mind in History[C]. Cambridge: The MIT Press, 2008: 2.
[2] Tim Crane.The Mechanical Mind: A Philosophical Introduction to Minds, Machines and Mental Representation [M].2nd ed. London, New York: Routledge, 2003: 3.

科学家研究方法的基础。玻姆对这一机械论观点的要义总结如下①：

其一，世界尽可能地被还原成一组基本要素。通常，这些要素存在的方式是粒子。

其二，这些要素彼此间基本上是外在的；不仅在空间上是分离的，更为重要的是，每一要素的基本性质彼此也是独立的。每一个粒子只具有它自己的性质，它也许会因其他粒子的推挤而受到些许影响，但仅此而已。要素与其说是一个整体的有机部分，不如说更像一部机器的部件，其形式外在地取决于它们在其中工作的机器的结构。相反地，一个有机体的各部分，即有机部分，都是随着这个有机体而发展起来的。

其三，由于要素之间仅仅是通过彼此推动而产生机械的相互作用，因而其作用力难以影响到其内在性质。相反，在一个有机体或社会中，每一部分的性质都深受其他部分的变化的影响，因此，各部分之间是有着内在联系的。

二、机械论的隐喻

在机械论世界图景中，人们认为事物运动遵循着一定的自然规律，心智亦属于自然规律的范畴。为了厘清心智机械论进路的思想渊源，我们来审视机械论世界图景之下衍生出的两个隐喻，即"自然即机器"和"心智即机器"。

（一）"自然即机器"隐喻

"自然即机器"作为一个隐喻，大约在17世纪被引入科学，这首先要归功于当时法国的哲学家同时也是科学家——笛卡儿。当时盛行的文化观念认为，世界是上帝的创造物，是一个发挥着有效功能的机器，而非完全无用且无规则的事物。"自然即机器"隐喻在这一文化观念所提供的土壤上，与当时人们对自然的宗教信仰紧密地生长在一起。如此一来，该隐喻也就隐含了两层含义：一方面世界即机器；另一方面世界是由上帝创造的产物。这两层含义形成了某种张力——机器是按照不可打破的规律而运作的实体，同时机器也是有目的和意图的实体。

英国化学家玻义耳也是这一隐喻观念的确切来源之一。玻义耳不仅反对亚里士多德的理念，而且反对自然神论。他认为上帝创造了宇宙，并且无所不在地掌控着宇宙。上帝一旦缺位，万物都将消解。正是出于这种原因，他欣然接受了"奇迹"

---

① [英]大卫·伯姆.后现代科学和后现代世界[A].见：[美]大卫·格里芬编，马季芳译.后现代科学——科学魅力的再现[C].北京：中央编译出版社，1995：84-85.

（miracle）的观念。但是，由此人们不免得出这样一个结论：这里所认为的奇迹，其实就是遵循规律或规则的事物罢了。因为如果上帝作为智者而行其所欲，许多我们困惑不解的事情，事实上并不反常或突兀，这一切都是上帝所设定秩序的真正结果，总之，宇宙中的一切依循一定的规律行事。世界就像是一个由不可打破规律所限定的钟表，仅此而已[①]。

笛卡儿和玻义耳之后，科学理论逐渐与上帝观念渐行渐远，"自然即机器"隐喻在自然科学中获得了巨大成功。同时，这也为该隐喻观念的蜕变埋下了伏笔——对于科学家们来说，他们不再认为自然是由智慧的造物主所创造的。于是，虽然科学家们仍以机械论的术语来谈论世界，但实际上他们谈论的却是这样一种观念：自然按照某种不可打破的规律而运作，自然类似于机器，而不存在所谓"智能设计"（designed by an intelligence）[②]这一含义。

（二）"心智即机器"隐喻

既然自然即是机器，或许心智也不例外。早在200多年前，法国哲学家拉美利特就试图调和心智和物质之间的关系，他曾经煽动性地宣称："人是机器。"但是，一直到20世纪30年代，这类激进的想法并未被人们斥为异端。原因很简单，在科学技术没有取得突破时，"心智即机器"这种想法显得过于荒诞，以至于没人相信。尽管在此之前大脑就早已类比于机器，但是心理过程却一直是个禁区，许多心理学家谈论行为或大脑，却刻意回避谈论心智；在他们看来，只有采取这样的策略，心智才能成为合适的科学研究对象。

所以，没有人肯为"心智即机器"如此激进的言论辩护，也没有人认为科学理论能够说明心智或者一些"类心理"的过程（其存在于类似于心智的人工物之中）。换言之，在20世纪30年代之前，由于心智或心理过程被认为在概念上迥异于物质，所以，没有人相信心智或心理过程能够通过任何机械的术语得以理解[③]。但是，伴随着计算机科学、心理学等学科的突破性进展，人们假设心智或大脑类似于计算机。"心智即机器"的隐喻由此获得了强有力的科学支撑，逐渐从边缘走向主流，从而为心智机械论进路设定了历史背景。

[①] Michael Ruse. Darwinism and mechanism: metaphor in science[J]. Stud. Hist. Phil. Biol. & Biomed.Sci, 2005,（36）: 285-302.
[②] 其代表了这样一种观点：自然界特别是生物界中存在一些现象无法在自然的范畴内予以解释，必须求助于超自然的因素，即必然是具有智慧的创造者创造并设计了这些实体和某些规则，造成了这些现象。
[③] Margaret A. Boden. Mind as Machine: A History of Cognitive Science [M].New York: Oxford University Press, 2006: 168.

第二节　从心智的表征到心智的计算

认知革命突破行为主义藩篱的一个突出标志，即是提出了心智的计算表征主义。自此之后，围绕着"表征"和"计算"这两个主要概念，认知研究形成了两个基本假设，即认知系统是表征系统；同时，认知过程是一种计算过程，亦即这一过程涉及符号的生成、存储、检索、操纵及应用。由此，我们可以发现，哲学对于认知科学研究的推动作用，主要体现于心智计算表征理论的介入，以及认知科学对这一理论的确证。

一、心智的表征

笛卡儿以降，表征和心理表征观念不断地发展和完善，对心理学哲学产生了极为重要的影响。"表征"这一术语大约在 12 世纪被引入中世纪的哲学界，起初其仅仅是对一个阿拉伯术语的简单翻译，但是通过进一步地引申和哲学阐发，该术语的意义得以重塑和发展。在这一过程中，具有拉丁传统意味的灵魂表征的思想逐渐渗透进来。简而言之，这一灵魂表征的思想即是通过内在的感知（inner sensation），外在的感知被展现于智性。这一蕴涵着表征的思想为后世所阐发，逐渐形成了心理表征的理论[1]。

尽管存在不同版本的心智的表征理论（the representational theory of mind, RTM），但其一般都将心理过程看作是"遵循着形式化原理的心理状态的相互作用"，亦即心理过程通过心理表征得以调节。就其基本形式而言，心智的表征理论至少包含了两个方面的假定[2]：一是认知状态是具有内容的（心理）表征的关系。二是认知过程是对这些表征进行的（心理）操作。

二、心智的计算

一方面，心智表征主义者认为，一个心理实体或状态倘要成为表征，其不仅要有内容，而且必须对拥有表征能力的主体有意义。换言之，表征主义需要说明心理过程何以能够在语义上是一致的。诚如查尔斯·皮尔斯（Charles

---

[1] Henrik Lagerlund.Intrduction[A].In：Henrik Lagerlund. Representation and Objects of Thought in Medieval Philosophy[C].Aldershot, Burlington：Ashgate Publishing Limited, 2007：3.
[2] [美] 哈尼什.2012.心智大脑与计算机：认知科学创立史导论 [M]. 王淼，李鹏鑫译．杭州：浙江大学出版社，2012：161.

Peirce）所言，一个有意义的表征要能够在主体产生"解释者"状态或过程，也就是说，这一状态或过程要关联于表征和主体这两者，这集中表现为——表征所表征之事物对主体的内在状态或行为，能够产生影响[①]。另一方面，人们一般认为，人的思想是一个真正的因果过程，无需依赖一个内在的"小人"（homunculus）来理解表征的意义。

心智表征主义者如何应对这一两难的局面呢？他们给出的答案是，走向心智的计算，即使用形式化的计算机来进行说明。更为确切地说，对于一个给定的主体，心理表征的解释者包括了所有可能的符号计算结果，涵盖了所有的过程及过程的结果[②]。

循着上述路径，"心智的表征理论"事实上拓展到了"心智的计算理论"。心智的计算理论认为，心智就是数字计算机，即一个离散状态的装置，其能够储存符号表征，并能按照句法规则来操纵这些符号；思想是心理表征，或者更具体地说，思想是思想语言中的符号表征，心理表征的载体即是计算结构和状态；心理过程即是"由符号的句法属性而非语义属性所驱动的因果序列（causal sequences）"[③]。

心智的计算理论对认知的普遍理解，尤其是对命题态度的心理状态的理解，现在都可以看作是心智的表征理论的特殊个案。由此，心智的计算理论试图对所涉及的关系、操作和表征的本质做出更为详细的规定[④]：一是在心智的计算理论中，关系是计算的。二是在心智的计算理论中，操作是计算的。三是在心智的计算理论中，表征是计算的。

本质上，心智的计算是要解决所谓的"表征语义的物理实现问题"。这一问题可描述为：对心理状态做出承诺时，如何兼顾对心理过程的因果描述？或者说，对心理状态做出承诺的同时，如何不放弃对唯物主义和物理学普遍性的承诺？计算主义流派给出的解决方案，即是诉诸心智的计算。对此，泽农·派利夏恩（Zenon W. Pylyshyn）解释说[⑤]：

[①] Barbara von Eckardt. Mental representation [A].In：Robert A.Wilson,Frank C.Keil. The MIT Encyclopedia of the Cognitive Sciences[C].London：The MIT Press, 1999：528.
[②] Steven Horst.Computational theory of mind[A].In：Robert A.Wilson,Frank C.Keil. The MIT Encyclopedia of the Cognitive Sciences[C].London：The MIT Press,1999：170.
[③] Barbara von Eckardt. Mental representation [A].In：Robert A.Wilson,Frank C.Keil. The MIT Encyclopedia of the Cognitive Sciences[C].London：The MIT Press, 1999：170.
[④] [美]哈尼什.心智大脑与计算机：认知科学创立史导论[M].王淼，李鹏鑫译.杭州：浙江大学出版社，2012：168.
[⑤] 任晓明，张昱.计算主义纲领的功过得失——评派利夏恩的计算主义思想［J］.科学技术与辩证法，2008，25(6)：10.

心理状态的语义内容是根据大脑的特征而编码的，大脑的编码方式与计算机表征的语义内容被编码的一般方式是相同的，它们都是在物理上实现的符号结构。

三、心智的计算表征理论

从心智的表征到心智的计算，我们即得到了心智的计算表征理论。就其成熟形式而言，该理论至少包含着以下两个方面的假定：

一是存在一个物理符号系统，其对符号的物理形式是敏感的，从而能够作为所谓的表征的载体。心智表征主义者极为推崇计算机隐喻，以及硬件、软件二分的理念；他们一般认为，人们可以假设——经典认知模型的符号结构对应于真实的大脑的物理结构，表征的整体结构应该在大脑物理性质中的结构关系中找到对应物。所以，人的大脑类似于计算机，可以称之为物理符号系统。

二是心理过程就是在表征载体上心理表征的转换。但是，这种转换过程的机制何以是理性的？对这一问题的回答首先要归功于图灵，他构想出了一种证明论，即他所提出的图灵机的概念：具有表征能力的机制，如果能够按照其句法特性在某些心理状态之上进行操作，这一机制就可以是理性的。这也就意味着，人们能通过句法过程模拟语义过程，特别是思想中的语义关系，这就是图灵竭力所表明的东西，同时也是我们在心智表征理论中倾全力所做的。

在上述理论中，一方面，形式化为人们展示了"语义如何与句法相关联"。对于任何的可形式化的符号系统，若要生成一个形式化的推演规则体系，不无可能；这里的推演规则在语义的基底上被赋予了推论的权力，尽管该规则完全基于句法属性；另一方面，计算机隐喻为人们展示了"句法如何与因果关系相关联"。对于任何有限的形式系统，通过构建一个数字计算机，就能够使该系统的衍生予以自动化。由此，"形式"和"计算"这二者双管齐下，为我们展示了语义如何与因果关系相联系。具体而言，先是设计一个句法的规则体系，并以之"追踪"符号的语义属性（即形式化该系统），其后将这些规则应用于计算机。因为数字计算机是一个纯物理的系统，其不仅能够进行符号的推理，而且能够兼顾了符号的语义，于是无需求助于"小人"或者其他任何非物理的代理。这就意味着，句法属性是推理的决定因素，句法追踪语义，而句法属性能够被应用于一个物理系统。对此，派利夏恩解释说[①]：

[①] 泽农·W.派利夏恩.计算与认知——认知科学的基础[M].任晓明,王左立译.北京：中国人民大学出版社，2002：79.

这不仅仅是构建计算模型并且对计算模型进行经验探索的重要工具,而且为理解心智的物质基础提供了可能性,或者至少是为理解物理学与心理学之间的相容性,提供了一种方法。它还使理解这样的意义成为可能,在这个意义下,"认知过程"这样的心理概念可以是人类生命生物体里进行智力活动的实际上真实的描述,因为我们将程序看作发生在计算机中的计算过程的实际上的——而不是隐喻的——真实描述没有任何麻烦。

第三节 从隐喻到机械模型

一、心智研究的隐喻观念

一直以来,人们就试图研究知觉和行为的生理学机制,却苦无良策而未能取得实质性的进展,尽管其早就意识到模拟这些相关基本机制的重要性。随着计算表征主义的兴起,人们的关注点不得不转向了高阶的认知能力,原因在于这些能力较为容易通过计算观念而生成。在一定程度上,"莫拉维克悖论"(Moravec's paradox)道出了这一倾向的缘由[1]:

较之于低阶的认知能力(诸如知觉等),需要理性的认知能力借助于逻辑规则,更加容易在计算机上进行模拟。例如,时至今日,存在着大量的人工智能程序,涵盖了象棋博弈、公理证明以及自然语言查询解释等领域。然而,低阶的认知能力,诸如人脸识别能力等则比较难以通过逻辑机制来实现。这即是一个悖论,因为人类拥有独特的高阶认知能力,更为容易通过经典的 AI 技巧而生成,而基本的生理机制几乎为所有物种所共享,却难以如此实现。

正是在上述背景之下,人们一般关注于人类的高阶认知领域,并将其视为人类心智本质之所在。于是,借鉴逻辑学和心理学方面的有关思想,人们借助两方面的隐喻来实现高阶认知能力的机械化。这两方面的隐喻即是逻辑隐喻(即表征是逻辑序列)和比例模型隐喻(即表征是比例模型)。

卡西尔曾经说过,隐喻思维是人类最初最基本的思维方式[2]。人们一般认为,可

---

[1] Jean-Gabriel Ganascia. Epistemology of AI revisited in the light of the philosophy of information [J]. Know Techn Pol, 2010, (23): 58.
[2] 转引自:魏屹东. 心理表征隐喻与框架问题 [J]. 学术月刊, 2011, 43: 46.

以通过隐喻这种形式来把握和理解心理表征的本质特征。哲学中存在大量这样的说明隐喻，它们参与和影响认知科学的一个重要途径，就是使隐喻实现类似其本身特征的机械化。尽管实现这些隐喻的机械化的难易程度不同，但是乔纳森·瓦斯康（Jonathan Waskan）认为，隐喻机械化的实现策略一般都是相同的，即表明存在或可能存在某种物理模型系统，该模型系统体现了隐喻的主要特征，因而也继承了这一隐喻的优缺点[1]。

正是凭借隐喻的机械化实现策略，心智机械论进路找到了其得以实现的途径。具体而言，倘要对隐喻进行说明，我们一般诉诸某一特定的模型，相应地这一模型一旦建构完成，则可假定我们机械化地实现了这一隐喻。换言之，机械体具有某种功能途径，同时隐喻所表征的现象也具有某种功能途径，一旦我们假定这两种功能途径是相同的，而且机械体被认为能够生成各种各样的行为和思想，我们就可以认为找到了心智机械化的实现途径。

二、逻辑隐喻的机械化实现

我们知道，人们经常通过隐喻这种形式把握和理解心理表征的本质特征。隐喻既是一种修辞形式，也是实现理解和刻画心理表征的认知和思维方式。研究认知和思维的认知科学充分地利用了隐喻[2]，如思维的计算机隐喻、记忆库隐喻、意识的聚光灯隐喻等。就心理表征而言，逻辑隐喻是其中具有重要地位的一个隐喻。

逻辑隐喻被认为可以说明人类先思考而后采取行为的能力，而且符合许多关于心理状态的本质的哲学直觉。人们通常认为，逻辑隐喻的一大优点在于，其能说明思维序列（thought sequences）的保真性等特点。通过操纵表征，人们能够以保真的方式进行推理和想象。人们的这一能力可用来说明，为什么在面对新的境遇时人们的行为总是恰当的。这种说明的途径一般是，人们按照逻辑的规则构建模型，当新的情景出现时，我们对其进行表征；然后，我们操纵表征并做出预测，聚焦于世界的变化是如何展开的；最后，我们选择行动（或行动的序列），通过该行动达到我们的目的。总而言之，在我们建立模型进行推理时，逻辑隐喻展现了一个诱人的特点：它承诺填补这一过程的全部细节[3]。

---

[1] Jonathan A. Waskan. Models and Cognition: Prediction and Explanation in Everyday Life and in Science[M]. Cambridge: The MIT Press, 2006: 108.
[2] 魏屹东. 心理表征隐喻与框架问题 [J]. 学术月刊, 2011,43: 46.
[3] Jonathan A. Waskan.Models and Cognition: Prediction and Explanation in Everyday Life and in Science [M]. Cambridge: The MIT Press, 2006: 110.

得益于现代编程计算机的发明和完善,心理逻辑的假设经历了从隐喻到说明机制的实现,这是心理逻辑假设走向成熟的一个分水岭。同时,这也历史地表明——借助句法结构的表征(syntactically structured representations)和句法敏感的推理规则(syntax-sensitive inference rules),可以说明某种行为的机制[1]。

具体到心智行为,诉诸多重实现关系(multiple-realizability relationships),人们可以将认知系统区分为不同的抽象层次,并借此构建"多层次的心理模型"。例如,按照大卫·玛尔(David Marr)的观点,认知系统通常可以划分为三个层次,即计算层次、算法层次和应用层次[2]:

首先,存在一个处于顶层的层次,玛尔称之为计算层次(computational level)。这一层次是关于待解释项(explanandum)的详细描述,即我们意图说明的认知工作。在这一层次,一般通过"输入-输出"功能来描述认知过程或能力。一种颇为流行的看法是,输入类似于对知觉系统的近端刺激(proximal stimuli),而输出类似于某种神经活动,但是,"输入-输出"可以是对认知操作予以定义的任何类型的状态。

其次,存在一个处于中间的分析层次,玛尔称之为算法层次(algorithmic level)。事实上,心智计算系统并不直接转换数字,相反地,其转换这些事物的表征。因此,在这一层次,我们以表征的术语来重新定义待解释项——待解释项不是对转换数字进行求和,而是转换数字的表征,并得到数字之和的表征。如果我们要解释表征的转换在大脑中如何运作,那么这一解释恰是在算法层次实现的:心智计算理论为我们提供了一系列的操作手段,借此,被输入的相关符号被转换成合适的输出符号(合适性取决于最高层次指定的功能)。

最后,存在一个处于底层的层次,玛尔称之为应用层次(implementational level)。这一层次所描述的实际的物理结构和过程,被认为执行了发生在算法层次的操作。也正是在这一层次上物理主义得以确证,因为心理过程被映射到实际的物理事件和过程之上。

由此,基于上述多层次的心智模型,人们可以假定:心智系统的行为可以在其中一个较高的抽象层次(诸如计算层次)来加以说明。

这种区分不同抽象层次的方法,源自于计算机科学家。一方面,他们认识到存在一些截然不同且相互独立的层次,其中最高或最抽象的层次即是算法的

---

[1] Jonathan A. Waskan.Models and Cognition:Prediction and Explanation in Everyday Life and in Science [M]. Cambridge:The MIT Press, 2006:47.
[2] William M.Ramsey. Representation Reconsidered[M].Cambridge,New York:Cambridge University Press,2007:41-42.

层次;另一方面,他们还认识到:在相对较低的抽象层次去理解计算机系统时,计算机系统表现了一些特性,而当在相对较高的抽象层次去理解该计算机系统时,这些特性却不复存在了,反之亦然。从最抽象层次着手,将句法敏感的推理规则应用于句法结构的表征,我们就可以说明计算机的工作机制,从而能够表明——通用类型的处理过程是可以实现机械化的。换言之,计算系统通过一定程序,可以应用逻辑隐喻的相关原则。诸如计划、语义记忆、语言理解等认知过程,都可以建立基于逻辑的计算模型。这些模型体现了逻辑隐喻的特征,进而使得逻辑隐喻能够解释表征的生成性(productivity)、保真性、系统性等。所以,正如瓦斯康所指出的,逻辑隐喻的原理可以机械化地予以实现,而这些计算系统为其提供了充分的证据[1]。

三、比例模型隐喻的机械化实现

比例模型隐喻是指一种物理同构的模型,其含义可以表述为——表征者(比例模型)与被表征对象(外在事物)在结构和性质上是同一的。对三维空间中的空间和因果关系表征的保真操作,是人们具有先见之明的前提条件。换言之,人们必须能够说明空间和因果关系变换所造成的结果,而比例模型能够很好地满足这些要求,所以,比例模型隐喻在现代认知科学语境中颇受瞩目[2]。

与逻辑隐喻相比较,比例模型隐喻具有易操作性,而且凭借其结构特点,比例模型隐喻能够说明抽象且通用的表征。对于表征者和表征的对象,比例模型隐喻强调二者之间的比例关系,而对建模媒介并不关心。此外,比例模型隐喻突出了表征者与被表征对象的结构同一性,而这意味着心智表征与其所表征对象在结构上具有同一性。

如前所述,计算系统在较高的抽象层次上能够体现隐喻的核心特点,并且继承了隐喻说明的优缺点。基于类似的考虑和论证,瓦斯康认为,我们可以提出一种反主流的观念,即比例模型隐喻也能够在计算系统中实现机械化。

瓦斯康指出,在较高层次的描述层面上,计算系统拥有非句子的或者意象的表征,换言之,比例模型也能够在计算系统中实现。基于这一理念,瓦斯康提出了一种内在认知模型假设(intrinsic-cognitive-models hypothesis, ICMH),

---

[1] Jonathan A. Waskan. Models and Cognition: Prediction and Explanation in Everyday Life and in Science [M]. Cambridge: The MIT Press, 2006: 170.

[2] Jonathan A. Waskan. Models and Cognition: Prediction and Explanation in Everyday Life and in Science [M]. Cambridge: The MIT Press, 2006: 121.

并将其作为比例模型在心理过程中的对应物。瓦斯康指出，鉴于人类能够操纵特定的内在认知模型，内在认知模型假设应该包含复杂的、具有关联维度的、关于物质世界的约束，而且一旦内在认知模型假设是正确的，在合适的较高程度的抽象层次上，比例模型、计算模型及认知模型将相差无几[①]。

在瓦斯康看来，内在认知模型假设事实上利用了比例模型和计算模型之间的可比性。具体而言，与计算模型相类似的是，在比例模型本身和建构该模型的媒介（media）这二者之间，人们也可以明确地做出区分。原因在于，在谈论模型时我们通常关注的是更为抽象的层次。如此一来，可以确定的一点是，我们将"媒介"应用于建构计算模型，类似于我们将"句法敏感的推论规则"应用于句法结构的表征。从这一角度入手，我们就能更好地理解媒介，从而可以恰当地将媒介描述为依赖于外在句法的表征。尽管如此，我们还是能够发现，在模型的较高的层次上，复杂且具有关联维度的内在表征发挥着约束的作用。这再一次表明，一个系统在较低层次层面所发现的特性，在较高层次层面上却缺失了，而我们所需要的比例模型的特性却在较高层次层面涌现出来[②]。

第四节 从图灵机到形式化的计算

在过去的半个多世纪里，认知计算领域获得了长足的发展，而将计算理解为一种形式符号（formal tokens）的操作，则是这一发展的主要推动力之一。然则，这种符号的操作是如何实现的？问题的答案自然离不开所谓的"图灵机"概念。英国数学家阿兰·图灵（Alan Turing）通过论证（自动）计算机器原理，揭示了一个"图灵机"概念，从而以一种非常机械的方式展现人类如何进行数学运算[③]。由此，他创立了一个新的研究领域——计算理论（或可计算性），用以研究数字计算机的功能及其局限性。

一、图灵机模型

20世纪30年代，在《可计算的算术及其在解决难题中的应用》一文中，图

---

① Jonathan A. Waskan. Models and Cognition: Prediction and Explanation in Everyday Life and in Science [M]. Cambridge: The MIT Press, 2006: 192-198.
② Jonathan A. Waskan. Models and Cognition: Prediction and Explanation in Everyday Life and in Science [M]. Cambridge: The MIT Press, 2006: 192-196.
③ [美]哈尼什. 心智大脑与计算机：认知科学创立史导论 [M]. 王淼，李鹏鑫译. 杭州：浙江大学出版社，2012: vii.

灵提出了一种抽象的计算模型，即后人所谓的"图灵机"。一般认为，图灵机模型是由两个主要部分组成的，即"读写头"和"通过读写头的纸带"。

首先，纸带被分成一个个小方格，每个小方格记录单个符号 0 或者 1。纸带可被看作机器的通用目的的存储器，它既可作为输入输出数据的存储介质，又可作为存储计算中间结果的工作存储区。在计算机开始计算之前，输入数据要记在纸带上，这数据必须是有限的符号组成。而且理论上讲，这纸带可以是足够长的。

其次，读写头是可编程的。通过排列线路连接板来改变读写头内部的配线，从而控制程序操作。由此，依靠机器进行计算的做法为：先编写程序，将输入数据（以二进制数或者十进制数的形式）依次记录在纸带的小方格中，将读写头置于输入数据的最左边的小方格，然后启动这一机器。一旦计算完成，机器暂停，读写头放置在输出数据的最左边，如程序需要，也可置于其他地方。读写头有一个称为指示器的子装置。这是第二种形态的工作存储器。指示器可以被设置一个数字，表示位置。这样，指示器的位置被称为在那个时刻的计算机的状态。

最后，图灵机通过以下六个基本步骤来执行计算的过程：

步骤一，读取（即识别）在读写头下的当前符号；

步骤二，将一个符号写到读写头下的当前小方格中；

步骤三，纸带向左移动一个小方格；

步骤四，纸带向右移动一个小方格；

步骤五，改变状态；

步骤六，停止。

这些操作被称为"元操作"，而一个复杂计算可由数以百计、数以千计，甚至数以百万计的"元操作"来组成。借助这样的图灵机模型，图灵旨在给予"算法"或"机械程序"一个精确的数学定义，从而有助于探索人类思维和计算机器之间的关系[1]。用图灵的话来说，即我们可以将处于数字计算过程中人类比拟为机器[2]。

图灵机思想催生了之后的计算主义观念，即心灵是一个数字计算机。可以说，传统认知科学中的信息处理模型正是基于这一观念而发展起来的。诚如福

---

[1] 关于图灵机模型的叙述参见：黄俊民，顾浩．计算机史话 [M]．北京：机械工业出版社，2009．

[2] 转引自：Gordana Dodig-Crnkovic.Significance of models of computation, from Turing Model to natural computation. Min ds & Machines, 2011，(21)：305．

多所言①：

认知科学发端于大约50年之前，它包含着这样的思想，即认知的心理过程就是由句法的结构表征所定义的一些操作，这里所谓的表征类似于一种语言。认知科学或多或少地明确将这一思想作为其审视理论的计划任务。这一切我们都要归功于图灵。

二、经典的计算观念

事实上，图灵写作上述论文的初衷是，要解决德国数学家希尔伯特（David Hilbert）的判定性问题②。尽管如此，其论文详述的却是可计算数。在图灵看来，可计算数就是可以使用机器计算的数。最终，通过构造的图灵机模型，图灵阐述了形式化的计算的本质。

基于上述背景，在谈论图灵的计算观念之时，我们就不能不提到希尔伯特的形式化纲领。20世纪初，数学界展开了一场关于数学基础的大讨论，当时希尔伯特提出了一个颇有影响的形式化纲领。他认为，能指和所指之间的关系是无关紧要的，人们只需关注能指间的形式结构关系，他甚至相信所有的数学都可以用这种方式来形成③。换言之，他认为数学可以被还原为一个有限的形式化系统。为此，希尔伯特将形式化的推理视为"符号游戏"（symbol game），以便推导规则可以通过符号的句法特性来表达。依据这一形式化纲领，数学的大部分领域都可以被形式化。这里形式化意味着，首先确立一种基本语言，借此来建构公理与推导规则的体系，并以之进行推理，而其中重要的语义关系被认为能够得以保留④。

随着数字计算机在实践中的成功应用，这种形式化理念日益得以彰显，形式化的计算观念日趋成熟。由于图灵机的巨大理论优势，人们一般将经典的计算观念等同于图灵计算观念。然而，实践中人们逐渐意识到，经典的计算观念不应该只涵盖数字计算（离散计算），还应该涵盖模拟计算（连续计算）。尽管

---

① Vincent C. Müller. Symbol grounding in computational systems: a paradox of intentions [J]. Minds & Machines, 2009, (19): 529-530.
② 希尔伯特想寻找一种通用的方法来判定数理逻辑中的任意命题是否可证。寻找这种"通用的方法"被称为判定性问题。见：[美] Charles Petzold. 图灵的秘密：他的生平、思想及论文解读. 杨卫东，朱皓等译. 北京：人民邮电出版社，2012：3.
③ 蔡仲，戴建平. 译者序言：在数学和后现代理论之间. 见：[加] 弗拉第米尔·塔西奇. 后现代思想的数学根源 [M]. 蔡仲，戴建平译. 上海：复旦大学出版社，2005：viii-ix.
④ Gordana Dodig Crnkovic. Significance of models of computation: from Turing Model to natural computation [J]. Minds & Machines, 2011, (21): 305.

如此，经典计算观念几经拓展，最终得到了一个形式化的功能定义：计算是一个物理的过程，其目的即是对"抽象的对象"进行"抽象的操作[①]"。

这里抽象的对象是指，这一对象由其形式化的特征而定义。由于"抽象的对象"不是一种物理实体，其在物理上并不存在，所以"抽象的操作"必须通过间接的方式完成，亦即要对物理的代理（surrogate）进行物理的操作。

第五节 基于表征的信息观念

一、心智信息观念的介入

人们一般认为，智能可以通过机械化的信息处理方法得以理解和说明，这一观点可谓秉承了当代认知科学所赖以发展的计算表征主义之精髓，然而，其并非没有争议。事实上，关于心智信息进路的论题一直以来纷争不断、莫衷一是，其历史可追溯到几个世纪以前。

在和纽卡斯尔（Newcastle）的马库斯（Marquis）的通信中，笛卡儿曾明确地表示，他反对将智识能力归之于动物，尽管笛卡儿并不否认动物在某些方面做得比人类好，例如，有的动物会飞或者比人类跑得快。但是，他辩解道，这些例子仅仅表明了动物只能以机械的、非智能的方式运作。这一点类似于钟表，钟表之所以能确切地指示时间，正是凭借其物理结构和其组成部分之配置。另外，他认为，智能行为预设了一种能力，即在不同的境遇下其能够区分相关的和无关的，这一点不同于机械的行为。而且，他一再强调，这种区分是依照人类理性（即人类灵魂的本质体现）所给定的标准而确立的，而无关乎我们机械身体的组成部分的配置，或者说，也不依赖于一系列预先确定的规则[②]。

笛卡儿之后的一个世纪，法国哲学家拉美利特在其名著《人是机器》中提出了与笛卡儿意见相左的观点。拉美利特认为，思想和智能行为只不过是有组织的物质的特性，仅仅需要身体组成部分的正确配置；生物体身体部分越复杂、越有结构，其智能化行为和思想的能力就越强。

[①] Bruce J.MacLennan. Natural computation and Non-Turing Models of computation[J]. Theoretical Computer Science, 2004, (317): 121.

[②] Maria Eunice Quilici Gonzalez.Information and mechanical models of intelligence：What can we learn from cognitive science?[A]. In：Itiel E. Dror. Cognitive Technologies and the Pragmatics of Cognition[C].Amsterdam, Philadelphia：John Benjamins Publishing Co, 2007：112-113.

到了 20 世纪，笛卡儿和拉美利特之间有关智能的机械本质的争论，在吉尔伯特·赖尔（Gilbert Ryle）那里似乎获得了解决。赖尔否认存在可观察行为之外的心理过程，他认为所谓的心智的运作不过是身体的行动而已[①]。但是，随着新的技术人工物涌现，关于机械化本质的争论获得了新的特性。例如，计算机技术和机器人技术的日臻成熟，计算表证理论被用于认知和行动的研究。特别地，人们从信息的视角来研究拉美利特关于复杂性和智能之间关系的假设，通过这种做法，系统复杂性能够凭借信息量得以测量，而且此信息量对预测系统行为是必需的。因此，可以从信息这一视角来诠释这一假设：系统越复杂，就需要越多的信息来预测其行为。

尽管信息概念从未在计算表证理论框架中清晰地定义过，但是这一概念的背景知识却源于物理符号处理观念及通信的数学理论（mathematical theory of communication，MTC）。总而言之，决策过程涉及从一系列可能的信息中选取某一信息，而为了降低决策过程的非确定性，通信的数学理论提出了信息的概率性特征。在这一语境中，不确定性意味着一定数量的随机性和对规律的忽略，这些规律掌控着为信息所描述的事件的序列[②]。

二、德雷斯基的信息观念

然而，在特定条件下，信息可以与人们能客观预测的事物相联系，前提是规律能够获得，随机性能够被约束。正如香农（Claud Shannon）和韦弗（Warren Weaver）所强调的，通信的数学理论并不处理主观的体验元素或其可能的意义，而是处理一些依赖性的客观关系，这里的依赖性存在于事件源中的事件之间。诚然，尽管通信的数学理论的这些特性一般不适用于研究认知和智能，这一理论却形成了自然主义研究纲领的起点，这一纲领被德雷斯基推向深入，聚焦于知识、信息和行为三者之间的关系。与之不同的是，其他哲学家们关注于信息的本体论维度[③]。

受香农和韦弗等的启发，德雷斯基将信息定义为"客观的有价值之物"

[①] Alex Scott.2003. Gilbert Ryle：The Concept of Mind. http：//www.angelfire.com/md2/timewarp/ryle.html[2012-5-16].
[②] Maria Eunice Quilici Gonzalez.Information and mechanical models of intelligence：What can we learn from cognitive science?[A].In：Itiel E. Dror. Cognitive Technologies and the Pragmatics of Cognition[C]. Amsterdam, Philadelphia：John Benjamins Publishing Co, 2007：113.
[③] Maria Eunice Quilici Gonzalez.Information and mechanical models of intelligence：What can we learn from cognitive science?[A].In：Itiel E. Dror. Cognitive Technologies and the Pragmatics of Cognition[C]. Amsterdam, Philadelphia：John Benjamins Publishing Co, 2007：113-114.

(an objective commodity），或者称之为一个客观的、独立于心智的关系指示者（indicator of relations）。然而，不同于通信的数学理论，德雷斯基的自然主义的信息理论除了关注意义之外，还关注意义与学习的关系，而且这一关系处于物理和生物结构语境之下。这样，参照身体调理（body conditioning）的过程，生物体能够获得有意义的信息，正如德雷斯基所言[①]：

> 通过对某种输出适时地加以强化（对输出进行回馈，当且一般仅当，其发生于某一条件下），这一条件的内在指示者充当了这种输出的原因。

德雷斯基进而认为，一旦这种内在的指示者被创造，其就会在内在表征的创造中发挥重要的作用。这些表征承载着有意义的信息，而这些信息与生物体的行为控制有关[②]：

> 在获得对外围运动控制的过程中，这些结构获得了指示者的功能，因此，也获得了错误表征事物何其所是的能力。这正是意义的真正来源，同时也是关于意义何以能够与行为相关联的可靠解释。

显然，这里德雷斯基采用了一个自然主义的视角。也就是说，他认为信息无处不在，但并非都是有意义的，生物体之所以获得了处理有意义信息的能力，关键在于其所凭借的学习机制、动机和推理，而这些都是与内在表征和行为控制相关的。但是，在这一视角下，学习的过程能否通过机械的规律来理解和说明，在他看来这仍然是个谜。然而，他还是相信，一个正确训练的人工神经网络能够获得内在的指示者（指示者与其目的相关）。既然他承认这种可能性，他就不得不承认这种机械的装置原则上能够处理有意义信息。

这种观点的复杂之处在于，尽管考虑到了这种可能性，即人工神经网络可以处理有意义信息（因为该网络能够学习或表征必要的信息，以达到某特定的目的），但是德雷斯基并不认为简单的生物体也具有这一种可能性，因为在他看来，简单生物体是按照简单的机械运动或向性运动（tropisms）来调整行为的[③]：

> 飞蛾的行为是向性的，这类似于许多简单生物体。向性运动只是简单的机械的或化学的反馈过程，或是这些过程的组合。有趣的是，这些过程看似像有组织和有

[①②] Maria Eunice Quilici Gonzalez.Information and mechanical models of intelligence：What can we learn from cognitive science?[A].In：Itiel E. Dror. Cognitive Technologies and the Pragmatics of Cognition[C]. Amsterdam, Philadelphia：John Benjamins Publishing Co, 2007：114.

[③] Maria Eunice Quilici Gonzalez.Information and mechanical models of intelligence：What can we learn from cognitive science?[A].In：Itiel E. Dror. Cognitive Technologies and the Pragmatics of Cognition[C].Amsterdam, Philadelphia：John Benjamins Publishing Co, 2007：115.

动机的行为。

在德雷斯基看来，向性行为（tropistic behavior）并不能算作一种智能的自主行为（该行为涉及有意义的信息），因为该行为是本能的、自发的（automatic）、无意识的、由基因编码的，而且最重要的是无法通过学习而改变。在这种情形之下，他声称，简单的生物体并不处理有意义信息，并不是因为它们简单，而是因为它们的内在指示者并不是按照相关性标准来表征世界的，这里的相关性标准一般是由理性或意向性来确立的[①]：

> 理性与这一行为的说明不相干，这并不是因为存在着某些与行为相关的隐含的化学的或机械的说明，而是另有隐情——尽管指示者被牵涉到这一运动的产生，其所指示的事实与其产生的运动并不相干。

在这一语境下，若要理解所谓自愿的和自主的行为，德雷斯基认为需要一个表征概念的工具，而且其一般被归之于"意向说明"的领域，而且所牵涉的意图、信念、意愿及各种理性等，都属于内在的、心理表征的范畴。

德雷斯基的这一看法同赖尔的论调极为相似。在批判所谓的理性主义传统时，赖尔强调，没有上述这类工具，（追随笛卡儿传统的）哲学家们仿佛觉得他们不能表明什么是跻身灵魂领域的标准，而且该标准的缺失势必会造成一定的后果，也就是说，降格为粗俗的自然境界（the realm of brute nature）[②]。

为了将自发的、无意义的信息与有意义的信息区分开，德雷斯基求助于内在的特性（这些特性领域正是心理表征的容身之地），于是，我们重新陷入了笛卡儿与拉美利特之间二元对立的僵局。

[①][②] Maria Eunice Quilici Gonzalez.Information and mechanical models of intelligence: What can we learn from cognitive science?[A].In: Itiel E. Dror. Cognitive Technologies and the Pragmatics of Cognition[C].Amsterdam, Philadelphia: John Benjamins Publishing Co, 2007: 115.

第二章 心智机械论进路的评估

基于计算表征理论，心智机械论进路为人们描绘了一幅心智运作的机械论图景：对思维最恰当的理解，是将其视为心智中的表征结构及在这些结构上进行操作的计算程序。于是，认知过程归结为表征内在状态的计算操纵；大脑即生物的硬件，心智即是依托其运作的软件。这也就意味着心智能够为图灵机所模拟[①]。

心智机械论进路无疑在认知研究的历史中占据着重要地位，然而随着对心智机械论进路认识的深化，其深层次的矛盾也日益凸显出来。心智机械论进路的优势何在呢？其又面临什么样的困境？困境的来源在哪里？这些问题迫切地要求我们，对心智机械论进路恰当地予以评估。

第一节 历史的定位

心智机械论进路设定了所谓的心智多层次模型，借此心理状态和物理状态并不是两个分离的和不相容的本体论领域；相反，心理状态被理解为物理状态的另一层次的描述。按照这样的理念，上文所述的逻辑隐喻和比例模型隐喻都可以容易地实现机械化。如此一来，至少在以下三个重要方面，心智机械论进路自诩能够有所作为。

---

① Toni Gomila, Paco Calvo. Directions for an embodied cognitive science: toward an integrated approach [A]. In: Paco Calvo, Antoni Gomila. Handbook of Cognitive Science: An Embodied Approach[C]. San Diego: Elsevier Ltd, 2008: 2.

一、心智的因果描述

为了理解心智的运作机制，需要给出一个关于心智的完整的因果描述，换言之，心智机械论进路需要使用因果的语言来建构模型，以便对心智的运作过程予以重塑。为此，我们需要引入一个独立类型的因果观念。然而，这却使得我们陷入了一个两难的处境。人们不禁要问：这一独立类型的因果观念的引入，究竟是为了描述的方便，还是为了引入新的力量？有些人反对引入这一因果观念，在他们看来，引入这一因果观念也就意味着引入了附加的因果力量，但是任何附加的因果力量都没有存在的余地。退一步讲，即便我们承认存在着附加的因果力量，却又不得不承认，我们对其仍然知之甚少。

为回避这一两难的处境，心智机械论进路所采取的策略，契合了保罗·戴维斯（Paul C. W. Davies）所提出的解决方案，即转变因果关系的基本分类范畴，从局部力量这一范畴转向更高一层次的概念范畴，如信息[1]。事实上，正是秉承着这一思路，认知研究才获得了长足的发展，在某种程度上人们可以将认知系统看成一种信息处理系统。正如塞尔总结说："思想是处理信息的过程，但是，信息处理不过是符号操作，所以，研究思想（他们宁愿把思想成为认知）的最好方法即是去研究计算方面的符号操作程序，无论在计算机中还是在大脑中。"[2]

另外，尽管计算机通常被称为"数字装置"（number crunchers），但是，它的一个更好的称谓或许是"逻辑的应用者"（logic implementers）。按照经典的认知主义的观念，当符号被储存于记忆之中时，借助于以句法形式操作的算法，符号能够被检索和转换。由于系统性和推论的一致性被认为是思维应该具有的内在特点，人们倾向于将最佳说明推理（an inference to the best explanation）作为认知主义的一个工作假设。这即是一种心智的机械说明，其隐含着这样一种认识，即思想可以被理解为某种类似逻辑的推理过程。换言之，认知系统能够机械化地应用逻辑过程，正是这一特征使得认知系统拥有了强大的解决问题的能力。

从上述两个方面来看，心智机械论进路将心智视为一个信息处理的逻辑结

---

[1] Toni Gomila, Paco Calvo. Directions for an embodied cognitive science: toward an integrated approach [A]. In: Paco Calvo, Antoni Gomila. Handbook of Cognitive Science: An Embodied Approach[C]. San Diego: Elsevier Ltd, 2008: 51.

[2] Toni Gomila, Paco Calvo. Directions for an embodied cognitive science: toward an integrated approach [A]. In: Paco Calvo, Antoni Gomila. Handbook of Cognitive Science: An Embodied Approach[C].San Diego: Elsevier Ltd, 2008: 25.

构，从而展现了信息和逻辑的高度同一性。此外，我们可以引用基思·斯特灵（Keith Stenning）的理论，为之提供了一个完美的理论阐释。斯特灵提出了一种关于逻辑推理的新观点，他认为推理既是形式的，又是与领域相关的（domain-relative），这样就赋予逻辑在认知中更为活跃的角色。对此，斯特灵从两个方面加以阐述：

一方面，逻辑可以作为信息处理，因为在下述意义上，逻辑的形式主义应该被视为信息处理的能力模型（competence model），该能力模型具有以下特征[①]：

一是能力模型与所考虑的信息处理任务相关；

二是只有面向理想的、数学的实体，能力模型才能够得以表述，所以其不能直接应用于现实世界；

三是可能出现的性能（possible performance）为算法法则所描述，该算法法则允许功能柔性降级（graceful degradation），这使得能力模型与现实世界更加接近；

四是数据中所显现的信息仅亚决定（under-determine）搜索到的信息；

五是需要约束（即关于世界和生成这些数据过程的假说）来进一步决定从数据中提取的信息。

另一方面，这样的信息处理过程也最好能被视为是逻辑的。何以见得呢？在斯特灵等看来，逻辑可以作为好的框架，并且正是基于此框架，信息处理任务得以表征，尽管这么做并不符合传统的逻辑观点。具体而言，首先，在描述和说明认知任务时，能力模型（competence model）是不可或缺的，因为没有能力模型就无法做出一些预测。此外，引入能力模型的一个更基本的原因，是其无需通过中间环节而可直抵算法层次，这使得算法的特征（尽管算法的特征并非是必要的）作为认知任务的一部分而被纳入；其次，逻辑语言非常适合作为一种表征语言，应用于能力模型的输入和输出。逻辑对广泛领域的内容是开放的，而认知是关于意向现象的，即聚焦于设定的目标并且期望达到该目标。所以，为了达到目标，必须对计划予以计算，这就需要一些关于行为结果和先决条件的因果信息。所有这些都可以很自然地通过逻辑语言予以阐述，于是，获得目标的过程可被视为"在配套的非单调逻辑中所进行的推导"[②]。

[①] Keith Stenning, Michiel van Lambalgen. Human Reasoning and Cognitive Science [M]. Cambridge：The MIT Press, 2008：349-350.

[②] Keith Stenning, Michiel van Lambalgen. Human Reasoning and Cognitive Science [M]. Cambridge：The MIT Press, 2008：354-355.

总之，将认知系统视作一种接受、存储和处理信息的信息处理系统，使得人们能够在信息层面上进行认知的逻辑操作，从而获得了关于心智的完整的因果描述。这一思想在实践中产生了深远的影响。从此，生物体不再被当作"黑箱"——像在行为主义中一样，而是当作由许多盒子（即"客体知觉""短时记忆""言语输出系统"等）组成的系统，其中每一个都以富有特征的方式接受、处理或存储信息。诸如这样的内部过程和功能的假定，就称为心理学的"第二性质"[1]。

二、身心问题的回应

解决任何关于心智的问题，归根结底是要回答"人类心智如何在物理世界中发生"，从某种意义上说，这也势必要求心智机械化进路对身心问题要有所承诺和回答。但是，科学家认为身心问题是哲学家的问题，而科学家所研究的智能问题才是科学的问题。然而，约翰·安德森（John R. Anderson）却没有这么保守，他提出一种称之为 ACT-R 的理论，即推理思维的自适应控制（adaptive control of thought-rational, ACT-R）理论，作为一种认知架构，其能用以仿真并理解人类的认知。在安德森看来，这一理论能够对身心问题有所回应，因为该理论目前的进展不仅体现了理论自身的进步，而且体现了人类心智知识的一大进步[2]。

（一）认知架构

在阐述 ACT-R 理论之前，我们不得不谈论所谓的认知架构（cognitive architecture）。何谓认知架构呢？尽管"认知架构"这一术语频繁应用于现代认知科学，但是，这并不意味着它的含义已为人们所熟知。一般认为，美国计算机科学家纽维尔首先在认知科学中引入了认知架构这一概念，其所要达到的目的即是，将这一术语与计算机架构相类比。

但是，更为深入地阐释这一概念的学者是弗雷德·布鲁克斯（Fred Brooks）。他曾经将计算机的架构较诸于建筑的结构，从而将计算机架构引入计算机科学中。布鲁克斯假定，当构想建筑物的蓝图时，建筑师关注于建筑物的

---

[1] 熊哲宏. 认知科学导论[M]. 上海：华中师范大学出版社，2002：14.
[2] John R.Anderson.How Can the Human Mind Occur in the Physical Universe?[M]. Oxford, New York：Oxford University Press, 2007: 237.

结构如何达到其功能。建筑师在抽象的层次描绘出建筑充足的具体结构，以确保建筑物能达到使用者所期望的功能。与此相类似，在规划计算机系统时布鲁克斯如是说，"计算机架构的技巧在于，在经济和技术因素的约束下，按照结构使用者的需求，尽可能为满足这些需求而进行设计。这一点类似于其他的架构"①。

布鲁克斯在这里使用"架构"一词来指涉设计的行为，这与人们通常使用"架构"的含义大致相吻合。然而，计算机架构意味着设计的产品而不是设计的行为。纽维尔等正是以这种方式使用计算机架构的，而且在使用"认知架构"时也一以贯之，因为他们认为，认知架构即固定的（或缓慢变化的）结构，其为认知性能（cognitive performance）和直接的学习过程提供了一个平台②。

在认知架构的观念出现之前，对认知感兴趣的科学家似乎只有两种选择：一种选择是聚焦于结构，但迷失于人脑的繁多细节之中；第二种选择是聚焦于功能，但迷失于人类行为的繁多细节之中③。然而，为了理解心智，我们需要直抵其本质的抽象。随着认知架构观念的崛起，人们逐渐领悟到，这一抽象凸显于结构和功能之间关系的系统理解，因此人们不能顾此失彼。

鉴于此，人们一般如此定义认知架构：它是在某一抽象层次上关于大脑结构的详述，以便说明大脑如何企及心智的功能。认知架构为统一理解人类心智的结构和功能提供了一个平台。例如，人类与其他生物（特别是灵长类动物）有许多共同的特征，但是，在人类和其他生物之间显然存在着巨大的认知鸿沟，要理解人类心智为何居于独特的位置，我们需要探究认知架构的本质④。

（二）ACT-R 理论

人类之所以独一无二，唯其能将碎片化的东西予以整合，这种能力与认知架构密切相关。为了说明认知架构的作用，安德森提出了所谓的 ACT-R 理论。拉斯·马斯特勒（Lars Marstaller）给予 ACT-R 理论很高的评价，认为其是好的

---

① John R.Anderson.How Can the Human Mind Occur in the Physical Universe?[M]. Oxford, New York: Oxford University Press, 2007: 5-7.
② John R.Anderson.How Can the Human Mind Occur in the Physical Universe? [M]. Oxford, New York: Oxford University Press, 2007: 5.
③ John R.Anderson.How Can the Human Mind Occur in the Physical Universe? [M]. Oxford, New York: Oxford University Press, 2007: 7.
④ John R.Anderson.How Can the Human Mind Occur in the Physical Universe? [M]. Oxford, New York: Oxford University Press, 2007: 18.

老式的（good old fashioned）认知科学理论中登峰造极的典范[①]。这主要体现在两个方面：

一方面，ACT-R 理论表明了一个架构如何与脑成像（brain imaging）的结果相联系，并且通过 ACT-R 理论人们可以设定一个语境，并基于此讨论关于认知科学中符号的地位等问题，最终，ACT-R 理论所要达到的目的是描述人类的心智[②]。

另一方面，ACT-R 代表了思维的适应性控制及理性分析（adaptive control of thought plus rational analysis），其将模块结构组织成为认知架构，运用符号和联结的计算模型，整合了串行和并行处理。在这一认知架构中，模块处理基于规则符号结构，并且通过一定数量的独立模块之间的互动，认知能够应运而生。

此外，在 ACT-R 理论中，安德森将代数的学习看作研究人类认知的经典案例，因为他认为其恰当地展示了人类与其他灵长类动物的区别之所在。从关于代数学习的实验中，他试图得出一个结论：

元认知（metacognition）就是对一个系统自身状态的认知，其作为一个主要的智能特性，将人类的认知与其他灵长类的认知区分开来。而且，在 ACT-R 架构中，元认知由于两个特征而涌现：一个特征是保持抽象控制状态（abstract control states）的能力；另一个特征是动态地匹配图式（match patterns）的能力[③]。

（三）意识的 ACT-R 模型

安德森指出，在 ACT-R 模型中，意识明显地投射到与模块相关的缓冲器（buffers）之上。意识的内容即是这些缓冲器的内容，而且意识的行为通过某种规则，与对这些缓冲器内容的操作相对应。缓冲器中的信息通过通用处理而获得，并被储存到陈述性记忆（declarative memory）中，通过描述缓冲器的内容，ACT-R 模型能够生成内省报告[④]。

这就是安德森对意识生成过程的阐述：运作 ACT-R 模型即生成意识。这种观点显然无法得到大多数哲学家的认同，用大卫·查尔莫斯（David Chalmers）的话来说，这一观点忽视了"意识难题"（hard problem of consciousness）。事实

[①②] John R.Anderson.How Can the Human Mind Occur in the Physical Universe? [M]. Oxford, New York：Oxford University Press, 2007：19.

[③] Lars Marstaller. 2008.Review—How can the human mind occur in the physical universe? http：//metapsychology.mentalhelp.net/poc/view_doc.php?type=book&id=4463 [2013-3-16].

[④] John R.Anderson.How Can the Human Mind Occur in the Physical Universe? [M]. Oxford, New York：Oxford University Press, 2007：243.

上"意识难题"一直困扰着人们。例如,人们不清楚为何认知过程总是伴随着现象经验?然而,安德森对这一难题却不以为然。他认为,人们的现象的意识经验无非是人们对缓冲器内容的一些操作,如果这么理解意识,那么 ACT-R 是有意识的。而且,他解释说,人们之所以不能接受他的新观点,无非源于根深蒂固的思维定势。

三、心智的科学研究

按照高克罗格(Gaukroger)的观点,在文艺复兴自然主义观念的冲击下,灵魂作为基督教观念的地位岌岌可危,笛卡儿因此煞费苦心地对心智进行了分析,他试图维持心智观念的宗教地位,使其避免沦落为人类的大脑。对笛卡儿而言,灵魂属于宗教的领域,而不能将其划归于科学的疆域。但是,他对心智和意识所做的分析还是给后世的唯物主义者以新的启示,激励着他们高扬科学主义的旗帜,尝试将心智纳入科学的研究范围。在其后的几个世纪里,关于心智能否成为科学的研究对象的争论,正反双方可谓各执一词、纷争不断[①]。

关于心智能否成为科学的研究对象这一论题,人们争论的本质在于:心智能否自然主义化?或者说,关于心智的研究能否还原为自然科学?事实上,这些问题与科学中的还原主义有莫大的关系。还原主义一般认为,非物理的学科最终要还原为物理科学。但是,蒂姆·克雷恩(Tim Crane)认为,这种激进的还原主义可能性不大,而且其是否符合科学实践也值得怀疑。因为不仅现在很少有其他学科还原为物理,恐怕将来这种情形也要一直持续下去。所以,克雷恩认为,与其坚持这种激进的还原论调,不如采纳一种较为缓和的立场[②]。

按照克雷恩的观点,一种较为缓和的立场即是对心智进行机械论的说明,或者说借助于科学对心智进行因果的说明。这也就意味着,人们应该假定存在一种心智的科学,而同时无需相信这一心智的科学将不得不还原为物理学。进而,他认为,这种心智的机械论说明必须表明——心智如何成为因果关系世界的一部分,即心智如何成为哲学家所谓的"因果秩序"(causal order)的一部分。此外,心智的机械论说明还必须详细地描述心智中因果规则,换言之,心智的

---

① Thomas Hardy Leahey. Mind as a scientific object: a historical-philosophical explanation[A]. In: Christina E.Erneling, David M. John. Mind as a Scientific Object: Between Brain and Culture[C]. New York: Oxford University Press, 2005: 56-58.
② Tim Crane. The Mechanical Mind: A Philosophical Introduction to Minds, Machines and Mental Representation [M]. 2nd ed. London, New York: Routledge, 2003: 6.

机械论说明必须承诺心理学自然规律的存在。正如物理学找到了能够统摄非心理世界的规律，心理学必须找到能够统摄心智世界的规律，如此这般心智才能成为科学的研究对象[①]。

正是基于类似的观点，当代认知科学家认为，他们较之前人的优势在于拥有心智的计算机模型，正是凭借这一模型，他们能够建立关于心理过程详尽而成熟的理论，同样也正是在计算机模型的启发下，人们形成了心智的计算表征的科学研究进路，逐渐地将心智纳入自然科学的视野，最终使之成为自然科学的研究对象。

鉴于其所体现出的多方面优势，心智机械论进路自诩其能够在认知的经验研究和认知哲学研究之间架起一座桥梁。

一方面，其是联结心智和计算机、解释心智现象、意识等心理现象的重要观点。因此，即使在人工智能与认知科学领域，哲学家们也研究着许多志趣相投的共同问题。

另一方面，推理、语言和理解的计算模型的成功，给心智机械论进路带来了许多的可信因素，这些自然科学的实验成果表明，思想的过程之所以能够在心智中被实现，正是由于拥有与推理的计算模型一样的计算过程。这就使得心智机械论进路与认知科学、计算机等具体科学能够相互促进与协同发展[②]。

第二节　陷入"标准解释"误区

毋庸置疑，心智机械论进路在实践层面获得了巨大的成功。追本溯源，该进路的理论基础——心智计算表征理论——的作用，功不可没。在实践中，有许多不同的理论或假设都可归之为心智的计算表征理论，尽管它们在处理方式、信息存储策略、基本算法类型及表征形式上可能存在巨大差异，但这些理论或假设都共享着一个核心理念：对思维最恰当的理解，是将其视为心智中的表征结构，以及在这些结构上进行操作的计算程序。人们最为关注智能和认知的本质特征，而上述理念则被认为对其进行了强有力的说明，以至于许多人认为，心智计算表征理论首次为人们提供了关于人类思维的有效科学说明，因为借助计算理论人们能够相当详尽地描述该理论的机械框架。所以，福多认为，心智

[①] Tim Crane. The Mechanical Mind: A Philosophical Introduction to Minds, Machines and Mental Representation [M]. 2nd ed. London, New York: Routledge, 2003: 6.
[②] 赵泽林，严景阳，高新民. 当代心智哲学境遇下计算主义之解读与批判[J]. 江西社会科学，2008,(1): 73.

计算表证理论所蕴含的思想"深邃而美丽",称得上关于人类心智运作的最为重要的思想[1]。

然而,一方面,心智计算表征理论使得心智机械论进路获得了巨大的声誉,另一方面却又使之陷入了重重困境。这是怎么回事呢?

原来,对于心智计算表征理论的本质,拉姆塞曾给出了一个所谓的"标准解释"(standard interpretation)。拉姆塞在《表征的再思索》一书中指出,心智计算表征理论的假设和立场产生了一股合力,起到了将"计算理论"与"民俗心理学"相融合的作用。换言之,在哲学家的眼中,表征的重要性在于,其与人们对信仰及其他常识观念的理解紧密地联系在一起。这引发了人们对计算表征理论本质的全新理解:表征的主要功能是"为常识观念的心理表征提供一个科学的家"。换言之,计算系统中的符号表征已经被视为"信念、欲望、思想等的科学对等物"[2]。计算表征和民俗心理学之间这一假想的联系,即构成了心智计算表征理论的"标准解释"。可以说,这种解释在引导人们如何看待认知计算理论时,发挥着重要的意义[3]。然而,在拉姆塞看来,这一"标准解释"其实是一个误导。

一、何谓"标准解释"

心智计算表征理论的核心原则,即认知是计算的,认知本身被理解为一种遵循特定规则的类语言的符号操作。基于这一原则,心智的表征主义理论设定了心智的多层次模型,借由这种多层次的分析,心理状态和物理状态并不是两个分离的且不相容的本体论领域,相反地,心理状态被理解为物理状态在另一层次的描述。如前所述,这一心智的多层次模型一般基于玛尔的认知观念,即认知包含着三个截然不同的说明或分析层次。

我们注意到,在这个三阶的认知框架里,中间层次即算法层次执行了严格的符号操作,符号被打乱并重新组合,这种转换造就了计算系统的输入输出的转换。也正是在这一层次,心智计算理论试图对说明心理的种种过程进行阐述。这些过程被假定应用了一种算法,借此复杂的操作被分解成较为简单的和更为基本的操作——所有的操作都在象征符号(symbolic tokens)之上运作。所以,

---

[1] Paul Thagard. Mind: Introduction to Cognitive Science[M]. Cambridge: The MIT Press, 2005: 40.
[2] William M. Ramsey. Representation Reconsidered[M]. Cambridge, New York: Cambridge University Press, 2007: 38.
[3] William M. Ramsey. Representation Reconsidered[M]. Cambridge, New York: Cambridge University Press, 2007: 39.

这一说明的策略即任务分解（task-decompositional），也就是说，为了理解一个成熟的认知过程或能力，心智计算理论假定了一系列亚系统（sub-systems），其能执行不同的亚任务（sub-tasks）。我们能够一直将亚系统分解成更为简单的组成成分，直到我们能够凭借应用层次的元素（implementational elements）来描述某一过程为止。这一过程类似于建造一台程序计算机，因而在认知科学中我们最终目标是：凭借对计算机的理解来构建模型，以便帮助我们说明人类头脑中究竟发生了什么[①]。

在上述框架中，形式符号是必要的，因为其充当着算法操作的核心元素。有序的符号操作在物理上是可能的，因为正如计算机所表明的，符号能通过纯机械的过程得以删除、重新写入、存储和组合。只要符号被编码，以至于其物理的形式能被系统的其他元素所利用，符号的转换就能够生成我们意图予以说明的"输入-输出"的映射。简而言之，心智的计算主义理论就是一个总括的说明框架，在此框架中使用这种符号操作过程来说明认知。这类物理符号操作能够对应于形式系统的状态和转化，人们一旦明白了这一点，就能更好地理解这一框架的说服力。

通过对多层次分析框架的阐述，人们相信多少能够窥探到关于心智如何运作的奥秘。认知被认为是遵循规则的符号调整（modifications），而这一调整之所以可能，原因在于系统对符号的物理形式是敏感的。物理系统由于能够使用物理符号，从而成了某种推理机器[②]。

这样，对于心智计算理论所假定的机械的符号操作，我们可称之为推理。然而，若要说明现实中发生的这类推理，我们不得不诉诸真实的思维过程，但随之而来的问题即是仅仅通过形式符号的机械操作不足以说明真实的思维过程。这就意味着，要得到一个实际推理的描述，计算必须与充分发展的表征状态相关联，这些表征状态涉及信念和欲望等。换言之，我们的描述必须涉及表征的内容及表征关系的接地（grounding）。

为了获得这种实际推理的描述，人们求助于计算表征理论的"标准解释"，亦即要建构一种计算系统的民俗心理学解释。然而，这种解释何以可能？原来，其依赖于人们对以下两个事物之间的想当然的类比：一个是计算符号的因果关系，另一个是信念和其他命题态度之间假想的因果和推理关系。

我们知道，民俗心理学将命题态度视为发挥着不同因果作用的状态。"标准解

---

① William M.Ramsey.Representation Reconsidered[M]. Cambridge, New York: Cambridge University Press, 2007: 42.
② William M.Ramsey.Representation Reconsidered[M]. Cambridge, New York: Cambridge University Press, 2007: 43.

释"拓展了这一理念，它认为因果作用不仅对命题态度和其他心理状态做出区分，而且对命题态度与其他种类的命题态度也做出区分。一个给定的表征是一个信念状态，其发挥着某一种作用；若这一相同表征发挥着另外一种作用，其则是一个欲望的状态。心理过程通过心理表征得以调节——某些原理控制着原始表征组合何以成为复杂表征的方式，而其他原理决定着表征状态之间的因果关系①。

在此基础上，拉姆塞指出，人们所寻求的"标准解释"即是：借由心智的计算表征理论，常识心理学和计算系统理论能够被整合起来。如果命题态度的推理关系是因果关系，而这一因果关系能够被投射到计算系统理论所设置的符号上，那么，我们就能将符号视为信仰，从而可以通过计算系统理论来说明日常的推理和判断。换言之，正是通过投射诸如信仰等推理和因果关系，心智的计算表征理论能够提供日常推理直觉上可能的描述。基于此理论框架，人们假定，倘若如此为之，借助于不同的认知能力和技巧，其后将会获得关于日常思维强有力的理论②。

二、"标准解释"的误导作用

说到"标准解释"的坚定拥护者，其中最具影响力的，当推杰里·福多（Jerry Fodor）。福多认为，一方面，要捍卫关于思维的常识假设，另一方面，要维护心理表征理论的核心框架，这二者属于同一项事业的两个方面。关于认知的理论应该接受常识心理学，但是这里有个前提条件：认知理论所假设的内在状态在语义上是有价值的，而且具有因果的力量，同时还要遵循民俗心理学的一般规定。显然，以内在符号为特征的经典计算模型，是满足上述前提条件的有力候选者，因为人们一般相信，计算机能够将符号语义特性和因果特性二者集于一身。所以，如果假设一个命题态度涉及符号的表征，为了进行思维，我们可以综合利用语义特性与因果特性，发挥二者的联合效应③。

然而，"标准解释"的误导性也正表现于此。这是因为人们相信，"标准解释"能够回答两个重要且密切相关的问题，而这两个问题事关心智计算表征理论的表征本质④。

---

①② William M.Ramsey.Representation Reconsidered[M]. Cambridge, New York：Cambridge University Press, 2007：44.
③ William M.Ramsey.Representation Reconsidered[M]. Cambridge, New York：Cambridge University Press, 2007：44-45.
④ William M.Ramsey.Representation Reconsidered[M]. Cambridge, New York：Cambridge University Press, 2007：45.

第一个问题是，为求得认知过程的计算说明，什么类型的表征观念被引入其中？拉姆塞认为，这里的表征观念在本质上类似于常识心理学中的表征观念，换言之，这两种表征观念同属于一个类型。由此，计算过程可被视为"民俗心理学推理的机械化版本"。这么讲要有一个前提条件，即被操纵的符号必须被看作常识心理表征的对应物。

第二个问题是，心智的计算理论之所以引入表征的观念，为的是寻求一种什么样的认知说明呢？对于这一问题，人们还可诉诸"标准解释"来给出答案：对认知过程的说明大体上相当于对民俗心理学所谓的心理状态或过程的说明，换言之，计算符号对应于民俗心理学中的表征状态，因此，这一解释不仅显得极为恰当，而且尽在情理之中。

在拉姆塞看来，通过对这两个问题的回答，"标准解释"凸显了心智的计算理论的优势所在——一方面，它能提供了一个强有力的证明，用以确证人们对心智的常识理解。借由"标准解释"，消去物理主义的威胁能够明显得以缓解，因为心智计算表征理论被看作完全承诺于命题态度；另一方面，它从民俗心理学中继承了一定程度的直观可信性。倘若我们将计算系统的元素识别为某种状态，并且直观地认为该状态处于认知过程的核心，那么我们对心智这一的直观理解（正如标准解释所做的）也使得计算的视角显得合情合理[①]。

由此，心智的计算理论和民俗心理学达到了一个共赢目标：符号即是心理表征的计算等价物，其充当了表征的角色，并能够以思维和其他心理表征的形式，产生因果的相互作用。于是，心智的计算理论提供了一个确证民俗心理学的框架，在此框架中通过心理表征的形式，符号彼此之间因果地相互作用。同时，民俗心理学有助于确认心智的计算理论，途径是为符号表征的某些民俗方面提供直观的支撑。最终结果即是，凭借着表征观念，人们对心智计算理论的解读大致等同于人们对心理表征的民俗观念[②]。

在认知科学实践中，人们秉承"标准解释"之要义，赋予所谓的"计算机隐喻"一个深层次的寓意：计算机不仅是一个句法的机器，亦即一个句法驱动的机器（syntax-driven machine），而且还是一个语义的机器（semantic machine），体现着诸如意义、真理等特征，而这些特征被布伦塔诺（Franz Brentano）视为心智不可或缺的因素。由此，人们可以假定，心智（或大脑）运行于两个层次，

---

① William M.Ramsey.Representation Reconsidered[M]. Cambridge, New York: Cambridge University Press, 2007: 45.
② William M.Ramsey.Representation Reconsidered[M]. Cambridge, New York: Cambridge University Press, 2007: 46.

即句法的层次和语义的层次。这是一个非常讨巧的认知模型，因为其保留了许多心理状态和过程理所当然有的，同时表明了这些状态和过程何以可能物理地实现。正如萨沙·贝姆（Sasha Bem）所言[①]：

> 句法的机器是语义的机器的镜像——推理、理性和逻辑的有效性等都反映在句法的操作中，并在此操作中予以实现。意义与形式（或者大脑中符号）相关，而且形式的操作与符号间的意义关系相关联。

第三节　意义缺失的批判

20 世纪 80 年代，在《从民俗心理学到认知科学》这一著作中，斯蒂奇指出了计算表征理论赖以存在的一个预设：计算说明一旦涉及了表征，这就意味着它对民俗心理学的论断要有所承诺[②]。

显然，借由"标准解释"，心智机械论进路预设了这一承诺的合理性。然而，对此，众多学者进行了激烈的批判，其中的代表人物包括塞尔、德雷福斯、皮奇尼尼。按照他们的观点，我们可以断言：表征作为一种民俗观念，心智机械论进路旨在找到它的还原基础，但是计算符号难堪此重任。

一、塞尔的质疑[③]

针对计算表征理论，豪吉兰德（John Haugeland）有句名言[④]：如果句法你来兼济，语义则自会独善其身。但是，塞尔对此看法却不以为然，并对此大加鞭挞，他的中文屋论证即是一个显例。塞尔对中文屋论证是这样描述的：假设某人被关在一间屋子里，屋里有满满几筐汉语符号，假如他（与我一样）对汉字一字不识，但给他一本用英语写的规则来处理这些汉语符号。这些规则是按照汉语的句法而不是语义，对符号的处理加以纯形式的规定。比如，规则中可能有这样的指令：从一号筐中取出甲符号，将它放在从二号筐中取出的乙符号

---

① Sasha Bem, Huib Looren Dejong. Theorical Issues in Psychology : An Introduction [M].2nd London：SAGE Publication Ltd, 2006：166.
② 转引自：William M.Ramsey. Representation Reconsidered[M]. Cambridge, New York：Cambridge University Press, 2007：54.
③ 塞尔曾经对计算的定义举棋不定。然而，他的中文屋论证依赖于计算观念的传统定义，即计算是一种符号操作。我们可以认为，其他人的批判也是基于这一传统定义。
④ William M.Ramsey. Representation Reconsidered[M]. Cambridge, New York：Cambridge University Press, 2007：47.

之后。假设这时又有另外一些汉语符号被送进屋里来，他根据相应的规则将汉语符号送出屋外。假如他根本就不知道送进屋来的这些符号就是屋外人的"问题"，他也不知道你送出屋外的那些符号就是所谓"问题的答案"。此外，假设那些程序设计者善于设计程序，而且他又善于处理符号，这样，他的答案就同一个地道的中国人做出的回答没有什么不同。他被这样关在屋子里，将你的汉字符号移来移去，用送出去的汉字符号回答送进来的汉字符号。按照所描绘的这种情况，他仅仅是摆弄这些形式符号，不可能学到哪怕一丁点汉语[①]。

通过中文屋的论证，塞尔想要表明：屋里人不并不知道符号的确切含义。换言之，就计算系统本身而言，事实上符号没有真正的表征状态——其没有任何含义。原因在于，就塞尔而言，为了触及心理现象或理解事物，仅仅应用形式的程序并不是充分的，换言之，借由计算模型所进行的句法操作，并不能为我们提供充分的认知阐述。

显然，塞尔通过中文屋的思想实验，将对计算表征理论的批判推向了深入。他认为，一方面，就一般的心理现象或理解过程而言，计算过程是不充分的。当塞尔指出屋中人不能确切地理解中文时，其所指显然更为宽广，超越了单纯的语言学知识。他批判的深刻之处在于，单独的形式符号操作终究不能生成对事物的真正理解。他之所以拒斥强人工智能——运行合适的程序并不足以拥有心智——也正源于此。另一方面，塞尔更为集中地批判了计算表征理论所具有的表征特性。塞尔注意到，凭借句法的特性，而不涉及任何语义的内容，计算系统通过操作符号能够胜任许多不同的任务。也就是说，屋中人仅仅通过检查字符的形式和识别指令，就能达到操纵符号的目的。与此相反，真正的心理表征（类似思想和观念的事物）直观地彼此互动，并凭借表征本身的含义以生成行为[②]。

基于上述论证，塞尔认为计算符号缺乏任何真正的表征内容，所以他拒斥这一观点：计算符号即是表征状态。退一步讲，计算符号至多拥有派生的意向性，即程序员或旁人所强加的某种意义。鉴于符号缺乏真实思想的内在意向性，对计算系统本身而言，说符号发挥表征作用是没有任何意义的。简而言之，认为符号结构在计算和表征之间起到中介作用，显而易见是错误的。正如塞尔所指出的："单独的句法对语义不是充分的，由于数字计算机跳不出计算主义的窠

---

① 熊哲宏. 认知科学导论 [M]. 上海：华东师范大学出版社，2002：307-308.
② William M.Ramsey.Representation Reconsidered[M]. Cambridge, New York：Cambridge University Press, 2007：47-48.

白，由其定义即可知，其只具有单独的句法。"①

二、德雷福斯的责难

计算机科学的先驱阿兰·图灵曾经断言，如果以规则和事实进行编程，数字计算机就能展现人类的智能行为。这一观念催生了之后的人工智能研究，形成了豪杰兰德所谓的"好的老式的人工智能"。但是，德雷斯基指出，这种"好的老式的人工智能"作为一个研究范式——用科学哲学家拉卡托斯的话来说——已经沦为一个"衰退的研究纲领"②。我们可以说，德雷福斯从人工智能研究的角度批判了心智机械论进路。

德雷福斯对人工智能的批判，集中于其所谓的人工智能研究四个假设，即生物学的假设、心理学的假设、认识论的假设和本体论的假设。在德雷福斯看来，正是从这四个假设出发，人们得出了一种错误的观念：认知即是借由内在规则而进行的内在符号操作，由此人类行为在很大程度上是与语境无关的。

因此，德雷福斯极力地反对上述四个假设。德雷福斯认为，理解人类的行为不同于研究物理学或化学中的对象，亦即人类行为不能够通过客观的、语境无关的科学规律所预测。原因在于，人类置身于语境绑定的世界之中，其日常行为必然受其约束，于是人们的日常行为尽管严整有序，但并非由形式化规则所主导③。这也就意味着，许多人类的思想和行为不能够还原为显性的规则，因而不能形式化，或还原为计算机程序。正如德雷福斯所言④：

借由语境所引导的行为，我们持续地调整着对于特定对象和事实的关联性和显著性。但是，这一常态的事物（regularity）并不能完全由规则所主导。

德雷福斯的人工智能批判思想有其深刻的哲学背景，这就是现象学，特别是海德格尔的存在主义。借鉴海德格尔的思想，德雷福斯认为，人类为满足自身需求而生成了人类世界，反过来，这一世界也为人类创造了一定的条件，使之能够以不确定和开放的方式来理解特定的事实，因为这些事实一开始即是按

---

① William M.Ramsey.Representation Reconsidered[M]. Cambridge, New York: Cambridge University Press, 2007: 47-48.
② Hubert L. Dreyfus.What Computers Still Can't Do: A Critique of Artificial Reason[M]. Cambridge, Massachusetts: The MIT Press, 1992: ix.
③ Hubert L. Dreyfus.What Computers Still Can't Do: A Critique of Artificial Reason[M]. Cambridge, Massachusetts: The MIT Press, 1992: 257.
④ Hubert L. Dreyfus.What Computers Can't Do: the limits of artificial intelligence[M]. New York: HARPER & ROW, PUBLISHERS, 1972: 183.

照人类的需求而组织起来的。然而，人工智能研究却与这一思想背道而驰。人工智能研究必须以一个客观或理性的层次为起点，而从这一点开始，事实已然生成和限定。这也就是说，人工智能研究将事实从其语境中抽象出来，并以抽象的结果来模拟智能行为，却无视境遇（situation）对于事实的重要性——事实以境遇为依托，并在其中被组织起来[1]。在德雷福斯看来，通过这样的两相对比，我们就能够深层次地发现人类智能和人工智能的巨大差异，进而找到人工智能研究的症结所在。

总之，在德雷福斯眼中，人工智能问题的根源在于，其接受了一种形而上学的假想，即日常生活中的智能所需要的一切都可以客体化，并借此表达为一种信念系统。对此，德雷福斯解释说[2]：

这种假想无论作为一种深刻的哲学主张，就像从莱布尼兹到赫塞尔所认为的那样，即对于处于一定语境中的智能所需要的感知和实践，都能用符号描述表达出来；还作为一种肤浅的技术见解，类似威增鲍姆及他所说的"人工智能界"所假定的那样，即日常生活中的理解和自然语言交际，根本不包含我们具身化的和社会化的技能，它们都歪曲了对于人性的感知。

三、皮奇尼尼的疑问

一般认为，心智的计算表征理论隐含着一个前提，即人们心理或神经的状态是计算的。对此，皮奇尼尼并不认同。在他看来，至少从计算说明的语义特性来看，事实并非如此。这也就意味着，计算说明的语义观点并非是充分的。

为了阐明这一观点，皮奇尼尼首先区分了两种表征观念，即所谓的"本质表征"（essential representations）和"偶然表征"（accidental representations）。他进而认为，本质表征通过其内容得以区分，在此意义上，如果两个项目表征着不同的事物，那么它们就是不同种类的表征。相比较而言，偶然表征独立于其内容而得以区分，依赖于它是否被解释或如何解释，它能表征某一事物或者另外一种事物。例如，英语中的字母串即具有这类表征特征——它们通过构成其本身的字母而得以区分，无论

---

[1] Hubert L. Dreyfus. What Computers Can't Do: the limits of artificial intelligence[M]. New York: Harper & Row, Publishers, 1972: 193.
[2] [美]休伯特·德雷福斯. 计算机不能做什么：人工智能的极限 [M]. 宁春岩译，马希文校. 北京：生活·读书·新知三联书店，1986：74.

其意味着什么①。

在此基础上，皮奇尼尼认为，尽管人们将计算说明视为某种语义的建构物，但在这里人们同时遇到了一个难题，即人们需要本质的表征，但其所获得的却是偶然的表征。求助于偶然表征的语义特征，一旦我们试图区分计算，我们所获得的是一个计算的非充分观念（inadequate notion）②。

按照偶然表征的语义特征，我们通过相同的符号能够个体化（individuate）某一计算过程，而这一相同的计算过程在不同的解释者眼中却能够处理不同的事物。具体来说，计算机科学家通过操纵其所定义的字符串来配置计算说明，使得计算得以个体化，无论哪些表征被应用于字符串。事实上，心理学家和神经科学家很少区分"计算的说明"和"表征的说明"。这使得一些心智哲学家确信：心智的计算说明本质上是表征的。但是，这种观念事实上是错误的，原因在于诉诸内在的计算，计算说明能够独立于其自身的语义特征而被个体化。也就是说，计算状态是否表征何物与计算状态能否表征何物，显然是截然不同的两类事物③。

总之，尽管塞尔等对心智机械论进路的批判方式不尽相同，但是他们批判的落脚点似乎都可以归结为一处④：

以图灵机为架构的计算机是按照预先确定的规则构造的，而且其结构也是依照预定的相关性标准预先决定的。

心智机械论进路从属于预定的相关性标准，而非"实用地选择被认为合理和相关的标准"。在这一语境下，人类自身并非意义的源泉，换言之，意义并非自生于人类自身而是由外界所强加的。无论如何，心智机械论进路局限于既有的理论框架，注定无法回避心智意义的缺失，因而陷入了重重困境。

---

①② Gualtiero Piccinini.Computational explanation and mechanistic explanation of mind [A].In: Massimo Marraffa, Mario de Caro, Francesco Ferretti. Cartographies of the Mind: Philosophy and Psychology in Intersection[M]. New York: Springer, 2007: 25.

③ Gualtiero Piccinini.Computational explanation and mechanistic explanation of mind [A].In: Massimo Marraffa, Mario de Caro, Francesco Ferretti. Cartographies of the Mind: Philosophy and Psychology in Intersection[M]. New York: Springer, 2007: 26.

④ Gualtiero Piccinini.Computational explanation and mechanistic explanation of mind [A].In: Massimo Marraffa, Mario de Caro, Francesco Ferretti. Cartographies of the Mind: Philosophy and Psychology in Intersection[M]. New York: Springer, 2007: 111.

第三章 心智研究进路的重构

心智机械论进路在理论和实践中都获得了巨大的成功。一方面,它成功回应了这样一种疑问:纯心理的事物如何成为纯物理事物的原因?换言之,我们如何能够得到意向行为的心理解释,同时又使其与物理的规律相容呢?通过构建心智的多层次模型,心智机械论进路意图表明——心理状态和物理状态并不是两个分离的且不相容的本体论领域,相反地,心理状态被理解为物理状态的另一层次的描述。另一方面,心智机械论进路使得人们走出哲学的玄思,步入科学的实证。心智机械论进路以计算表征主义为核心,形成了这样的一个背景假设,即心智(或大脑)即是计算机;心智的表征即算法的操作。由于有了这一假设,心智机械论进路能够卓有成效地生成假说,并予以验证,换言之,心智机械论进路能够导致科学发现①。这些都体现了近现代科学的主要特质。

然而,心智机械论进路在说明心理状态时,往往将外界的意义强加于自身,反而迷失了心智自身内生的意义。正是根源于此,心智机械论进路遭到众多学者的批判。另外,人类的理性显然涉及多方面的意义,如何将它们完全整合起来,心智机械论进路显得无能为力。由此,人类的理性似乎抵制任何机械化的努力。心智机械论进路疏于体察这一疑虑,难免招人口实。

随着协同进化机器人、人工生命的发展,智能行为所具有的生物的、具身

---

① 正是这一点体现了心智机械论进路的优势之所在。在心智非机械论进路未引入动力学模型之前,这一进路不具有类似的能力,即其不能导致科学发现,以至于许多人又重回心智机械论进路。

的及整体的特征日益变得清晰，心智机械论进路为适应这一变化，展现了一些新的研究动向。然而，心智机械论进路所做的这些努力，真的能应对认知系统难题的挑战吗？我们将会看到，问题的答案是否定的。在这一背景下，人们对心智机械论进路缺陷的认识逐渐深化，从而使得对心智研究重构的必要性日益凸显出来。

第一节　心智研究新观念

20世纪中叶，人工智能研究逐渐兴起，心智研究随之获得了一个巨大的优势，即能够嵌入到机器和物理系统之中。彼时的心智研究一般以计算机模拟为研究取向，大多局限于对物理现象或其他现象符号表征的逻辑操作。近年来，随着向下因果、生物学启发（biology-inspired）和认知进化等观念的引入，认知系统被置于与其环境的物理互动之中，使得心智研究趋向一定的拟人化和语境化。

一、下向因果观念的运用

我们知道，复杂物理系统有一个重要特征：为了得到局部情景的满意说明，我们需要参考全局的情景。认知系统作为一种物理系统，也不例外。我们需要将这一特征用因果的语言予以重塑。这样，一个完整的因果描述需要诉诸局部力量和关于全局情景的语境信息[①]。我们倾向于将语境信息归之于一个独立的因果类型。正是在这一情形下，我们使用"下向因果性"（downward causation）的观念[②]。为了能够更加深刻地理解这一观念，我们追溯其发展的历史，以揭示其观念变化的轨迹。

早在20世纪早期，生物学哲学领域试图提出一个新的理论，以取代备受诟病的机械论和活力论。在此过程中，还原主义首当其冲，成了众矢之的。可以说，哲学家塞拉斯（W. S. Sellars）开启了批判还原主义的序幕。他认为，还原主义过分地强调构成较高层次实体的物质，而对整体的组织性漠不关心。而且，塞拉斯认识到了图式（patterns）和功能的作用，所以他坚信，新层次的因果性

[①][②] Paul C. W. Davies. The physics of downward causation [A].In: Philip Clayton, Paul Davies. The Re-Emergence of Emergence: The Emergentist Hypothesis from Science to Religion[C]. Oxford; New York: Oxford University Press, 2006: 38.

涌现于组织体的较高层次①。

正是伴随着对因果还原主义的批判，下向因果性观念逐渐成形。奥斯丁·法瑞尔（Austin Farrer）即是这一观念的重要开拓者之一。法瑞尔认为，较高层次的行为图式一般可以做一些实质性的工作，而不能简单地还原为由较低层次之构成所展现的聚集效应（the mass effect）。在吉福德讲座②中，他是这样说的③：

> 在细胞组织中，其分子构成被卷入其中，如同被更大的行为图式施了魔法，当转向细胞时，似乎细胞亦被动物身体施了魔法。

需要指出的是，较高层次组织施魔法于较低层次组分，这一说法作为一种隐喻，结果适得其反，不仅没有起到释疑的作用，反而加深了人们的困惑。

为此，神经生理学家罗杰·斯佩里（Roger Sperry）主张将心理学中的还原主义替换为认知主义范式（cognitivist paradigm）。按照他的观点，"上向控制"尽管仍应予以保留，但是并不将它看作事情的全部。倘要得到一个全面的解释，人们必须考虑一些以前不存在的新的涌现性质（包括心理的性质），它们在其较高的层次上因果地相互作用，同时也自上而下地施加着因果的控制。换言之，系统较高层次对较低层次所施加的控制，乃是一种从上而下的宏观控制。同理，作为大脑行为的涌现性质，心理状态对于它本身的构成部分——神经元事件（neuronal events）——施加了向下的控制，与此同时，心理状态由神经元事件所决定④。

这里人们遇到了一个问题：心理特性如何对成就其自身的神经活动施加向下的控制？为了回答这一问题，斯佩里采纳了坎贝尔（Donald Campbell）的下向因果观念。20世纪70年代，坎贝尔明确地定义了下向因果观念，其后几经演变，这一观念最终依附于不同的规律而存在，而同时这些不同的规律则被认为对应于自然界的不同层次⑤。在坎贝尔看来，为了完整地解释生物现象，我们需要诉诸生物体高层次的规律。这就意味着我们需要更新传统的因果观念，引入

---

① 转引自：Nancey Murphy, Warren S.Brown. Did My Neurons Make Me Do It? Philosophical and Neurobiological Perspectives on Moral Responsibility and Free Will[M]. Oxford, New York: Oxford University Press, 2007: 53.
② 吉福德讲座（the Gifford Lectures）因其创办者吉福德（Adam Lord Gifford）爵士而得名，由格拉斯哥、阿伯丁、爱丁堡和圣安德鲁斯这四所苏格兰最主要的大学轮流举办。讲座主持人一般都是在哲学、神学和宗教学等领域享有较高地位的学者。
③ Nancey Murphy, Warren S.Brown. Did My Neurons Make Me Do It? Philosophical and Neurobiological Perspectives on Moral Responsibility and Free Will [M]. Oxford, New York: Oxford University Press, 2007: 43.
④ Nancey Murphy, Warren S.Brown. Did My Neurons Make Me Do It? Philosophical and Neurobiological Perspectives on Moral Responsibility and Free Will[M]. Oxford, New York: Oxford University Press, 2007: 53-54.
⑤ Philip Clayton. Mind and Emergence: From Quantum to Consciousness[M]. Oxford, New York: Oxford University Press, 2004: 52.

所谓的下向因果观念。借此，我们可以假定，生物系统中所有低层次的过程都受到高层次规律的约束，并遵照这些规律以行事。这里我们可以将"原因"理解为一种自然选择论和控制论的间接变体，其掌控着直接的物理因果关系的产物。我们由此推断，正是下向因果的作用激活了或者抑制了生物系统低层次的某些物理能力，从而影响了系统组成部分的行为活动与功能[1]。

自形成之后，下向因果观念迅速地在科学领域获得了应用。特别是，它促使物理学家们重新审视规律和状态之间的关系，并将二者以全新的方式纠缠起来。与之不同，在经典物理学背景下，人们通常排斥这样的做法。因而，这就为理论物理学引入一个基本变化埋下了伏笔。

对于一个复杂系统，人们一般回避为系统配置新的力量，转而诉诸系统已有的力量——借由已有力量的重新整合来运作系统。如此一来，倘若下向因果被视为一个独立的因果类型，人们期许引入明显的非局部的物理力量，然而由于经典物理学框架的掣肘，却又不可为之。结果是只能接受另一种选择：把基本的因果类型从局部力量这一较低层次的概念转化为一个较高层次的概念，如信息。正是出于这样一种考虑，现代认知研究大量使用信息处理框架，以回避物理系统如何涌现认知现象这一难题。

然而，下向因果观念在哲学领域却鲜有人问津。之所以有如此大的反差，一个重要原因是，当我们主张对人类本性进行物理主义的描述时，我们并非总能得到理解和支持。我们的传统世界观（关于现实的一系列相互关联的假设）总是使非还原的物理主义描述看上去不可行。相反地，传统世界观包含着一些重要的形而上学假设，其使得还原主义看上去却不可避免。这些形而上学假设涉及这一观念，即实在可以被理解为复杂系统的层级架构，以至于较低层次的实体成为另一较高层次实体的组成部分。与此同时，原子（哲学意义上最为基本的组分）所给予的本体论优先性，超过了由原子所组成的事物。这样，所有的因果关系是由下而上的——正是原子做了所有的因果的工作，宏观实体所应有的因果能力则被认为是副现象的（epiphenomenal）。倘若这一图景与亚里士多德的因果假设（任何事物都不是自身的原因）进一步联手，人们即可得出这样的结论[2]：

---

[1] Donald T. Campbell. "Downward causation" in hierarchically organised biological systems[A].In：Francisco José Ayala,Theodosius Grigorievich Dobzhansky. Studies in the Philosophy of Biology：Reduction and Related Problems[C]. Berkely, Los Angeles：University of California Press, 1974：180-181.

[2] Nancey Murphy, Warren S.Brown. Did My Neurons Make Me Do It? Philosophical and Neurobiological Perspectives on Moral Responsibility and Free Will[M]. Oxford, New York：Oxford University Press, 2007：42-43.

人和其他生物体都不能成为自身行为和品质的原因，也就是说，行为必定或是由它们的微观物理部分引起的，或是由环境影响引起的，而这里环境影响要被转换成"微观的物理诱因"（microphysical causes）。

总之，人们倾向于将较高层次系统看作基本组分的集合，而非拥有自身因果能力的实体。但是，如果我们的身体确是物理世界的普通一部分，人类何以能超脱于物理规律的一般规则，至少还原论的世界观无法给出答案。一般认为，这种还原论的世界观根植于早期的现代物理学。

有鉴于此，我们认为，在合理的因果描述中，应该将较低层次过程或实体融入到较高层次的因果系统，从而不得不经历了一个范式转换或格式塔转换，即从原子论的、机械论的、从下到上（上向）的实体观，转向一个下向的因果性视角。这里"下向的因果性"就要涉及对较低层次因果过程的选择或约束。正如罗伯特·古利克（Robert van Gulick）所言[1]：

下向因果性可以解释为，对一个由实体构成的因果力量的"选择性激活"（selective activation），即要能够说明较高层次的系统如何对其组成部分施加因果的影响，以至于一个复杂的系统能够被视为其自身的原因。但是，我们应该注意的是，赞同下向因果性不等于否认所有因果决定性，较低层次的变体可以决定性地生成，也可以随机性地生成。

二、生物学启发思想的介入

自然界的认知系统源自于生物体，这一点提示我们：解决复杂认知系统的相关问题需要生物学的帮助。然而，实际情况却是反其道而行之。一方面，认知系统的科学研究一直忽视生物学方面的研究数据。另一方面，对于工程学来说，也没有先在的需求去关注生物学。原因在于，在工程学领域中，认知系统的研究一向归之于人工智能的旗下，然而在很长的一段历史时期，人工智能研究并不关注生物学。结果是，一直以来，我们过分地依赖于数理逻辑或计算机程序语言，将认知或者视为操纵事实的过程，或者当作知识的符号表征，殊不知这一进路遮蔽了与生物学密切相关的其他进路[2]。

---

[1] Nancey Murphy, Warren S.Brown. Did My Neurons Make Me Do It? Philosophical and Neurobiological Perspectives on Moral Responsibility and Free Will[M]. Oxford, New York：Oxford University Press, 2007：43.
[2] William M.Ramsey.Representation Reconsidered[M]. Cambridge, New York：Cambridge University Press, 2007：pxv.

然而，这一情况正在改观，生物学的触角逐渐地伸向人工智能研究领域，对当今人工智能研究的发展产生了深远的影响。更具体地说，考虑到许多生物系统都是复杂的适应系统，人工复杂适应系统（BICAS）与认知研究的关联性自不待言。近年来，在探索和开发计算的技巧和框架过程中，人们愈发地从生物复杂适应系统中汲取灵感。由吉姆·奥斯汀（Jim Austin）等所构建的生物学启发（biology-inspired）的复杂适应系统，便是一个典型的例子[①]。适应系统代表了认知研究新的发展方向，其目的乃是，建立一种所谓的人工复杂适应系统，并使之具有适应性（adaptation）、复原性（resilience）和自组织等特性，这些特性皆可在自然生成的适应系统中找到。另外，适应系统是由大量相对简单的组分构成的，组分之间存在着非线性的互动，最终产生了大规模的行为；通过个体组分的特性及小范围的本地互动的情形，不一定能够预测系统的行为。于此可知，适应系统表现出的这一点，与神经生物学观念并无二致。

三、进化观念的渗透

要理解高层次的智能，我们就不得不考虑进化的意义。事实上，认知研究中逐渐为人所接受的具身进路，本质上即是一个进化的视角[②]。通过阐述大脑如何进化，以便控制我们的物理身体，具身进路将"认知"视之为我们的多种能力，一方面这些能力依赖于我们物理的身体结构；另一方面，这些能力是对我们物理身体的结构的一种反映。由于我们不是要否认抽象的、去语境化（de-contextualized）思维的存在，而是要说明该思维如何产生于过去存在的感觉运动能力之中，从而突破情景约束（situation-bound），达到一种更为灵活和抽象的，且具有"通用意图"的认知形式，为此，我们需要在进化的角度上尽可能地去进行描述[③]。

总之，对于认知系统研究，进化观念的引入之所以至关重要，至少表现在以下三个方面：

[①] G.M.Richard.Cognitive System: Information Processing Meets Brain Science [M]. London: Elsevier Academic Press, 2006: 35.

[②] Margaret Wilson. How did we get from there to here? an evolutionary perspective on embodied cognition [A]. In: Paco Calvo, Antoni Gomila . Handbook of Cognitive Science: An Embodied Approach [C]. San Diego: Elsevier, 2008: 375.

[③] Margaret Wilson. How did we get from there to here? an evolutionary perspective on embodied cognition [A]. In: Paco Calvo, Antoni Gomila . Handbook of Cognitive Science: An Embodied Approach [C]. San Diego: Elsevier, 2008: 375-376.

（1）从进化的角度来审视认知是必要的。人类的语言能力及其操纵抽象概念的能力，其他生物无法匹敌。然则，我们越来越清晰地认识到，若要理解人类认知如何运作，应该首先理解人类何以能达到今天的认知层次，对此我们必须做出一个在进化上可行的说明。

（2）认知系统的生成需要进化的进路。生物是演化的，而不是设计的。这意味着，生物所表现的行为之有效性是选择的结果，而非出于可理解性。进化横跨"大脑—身体—环境"边界，能自由地探索一个认知系统机理的解决方案，但其与我们对系统应该如何运作的感觉是不一定相符的。这样，倘若我们打算生成一个"大脑—身体—环境"的系统，且使该系统展示必要的人类的智能特性，我们最为便利的途径或是模拟进化的过程，而正是通过这一过程，认知系统自然地得以生成[1]。

（3）进化算法（evolutionary algorithms，EVA）逐渐成为认知系统研究的标准手段和技巧。依循达尔文进化原理的众多类型的算法，都可以宽泛地归之于进化算法，其被广泛地应用于模拟复杂生物过程及创造人工生命（artificial life）等。进化算法不是很苛刻地基于生物进化而操作，其保持着起始随机数量的基因序列，该序列编码着相关的典型特性。通过使用变异和交叉基因算子，这些序列反复经受了评价、选择和再生[2]。尽管在基因序列编码、突变和交叉算子、评价和选择程序等方面，这一基本技巧可能不尽相同，但是对我们来说，任何进化算法的优势在于——当我们建构认知系统时，可以不受所谓的先验预设的约束。

第二节　元规则：一种伪具身进路

为应对自身的意义困境，心智机械论进路引入了一些新的理念，诸如生物学隐喻、向下因果和进化等，使得其趋于一定的拟人化和语境化。例如，该进路提出一种所谓的元规则策略，旨在说明认知系统何以在与环境的互动中生成意义。这一趋势显得心智机械论进路看似能够克服"意义难题"，即符号操作或表征如何对认知系统具有意义。"意义难题"一直是心智研究的重大挑战之一，

---

[1] Randall D. Beer. The Dynamics of brain-body-environment systems: a status report [A]. In: Paco Calvo, Antoni Gomila. Handbook of Cognitive Science: An Embodied Approach [C]. San Diego: Elsevier, 2008: 101.
[2] Randall D. Beer. The Dynamics of brain-body-environment systems: a status report [A]. In: Paco Calvo, Antoni Gomila. Handbook of Cognitive Science: An Embodied Approach [C]. San Diego: Elsevier, 2008: 101-102.

从图灵测试到塞尔的中文屋论证，再到哈纳德(S. Harad)的符号接地问题(symbol grounding problem)，无不彰显该问题在心智研究中的重要地位。

然而，即便引入一些新观念，倘若跳不出还原分析方法的窠臼，心智机械论进路对意义问题的解决就不可能彻底，换言之，无论如何，认知研究的意义难题终究无法在机械论框架内得以解决。由此引发我们对心智机械论进路的深层次的质疑，迫使我们在心智的研究过程中不得不另辟蹊径。

一、元规则策略

意义源于心灵和世界之间的互动，这一点已然成为认知研究者的共识。但是，如何在认知系统与环境的互动中捕捉心智的意义呢？巴斯顿(A. Basden)等建议，可以从智能行为的多样性着手，引入所谓的认知系统的元规则（meta-rules）策略[①]。

一方面，在巴斯顿等看来，认知系统是通过与世界之间的互动而建构成的，由于这些互动呈现高度的多样性，理解多样性的本质就变得特别必要了。如果想从这一多样性中有所收获，我们需要区分多样性的基本类型，并使基本类型的多样性对应着另一范畴的多样性，即我们与世界有意义互动方式的多样性。为了达到这一目的，巴斯顿等试图从杜伊威尔（H. Dooyeweerd）的哲学中汲取营养。杜伊威尔认为，通过相互作用的方式，事物和行为展现了许多"面向"（aspects），每一个面向都有一个关键的意义，该意义限定了事物可能对我们有意义的方式。而且，尽管事物和行为实际上展现了其所有的面向，但通常只有一个面向的功能引导行为。这一起引导作用的面向限定了其对我们有意义的方式，其他面向仅仅起着辅助作用。这样，杜伊威尔不仅将面向视为类型，而且将其视为有意义多样性的根本通用机制。这事实上意味着，多样性的意义和规律孕育于面向之中。认知若是在行动者与世界的多样性互动中得以发展的，这种多样性的互动方式即可被理解为对应于杜伊威尔眼中多样性的意义和规律。也就是说，杜伊威尔关于面向的观点似乎能够为我们提供一个理解多样性的图景。这一图景不仅展示了互动种类的多样性，而且提供了一个基础，以解决具身于世界的多样性问题，从而指明了认知系统的未来发展方向。

另一方面，在巴斯顿等看来，杜伊威尔对不同面向的意义和规律的探索有

[①] Andrew Basden, Maria Kutar. Diversity in cognitive models[A].In: S. Nefti, J.O.Gray. Advances in Cognitive Systems [C]. London: The Institution of Engineering and Technology, 2010: 467.

助于区分互动的类型。由于互动的类型是多样性的，所以用以建构认知的规则亦是多样性的。也就是说，不仅存在着不同的规则，而且存在着不同种类的规则，因为每一种互动都是以不同的方式而呈现其意义的。据此，巴斯顿等区分了两个层次的规则。如果某一行动者为互动而建构了规则的集合，这也就意味着其预设了元规则，用以指导规则集合的建构。在此基础上，人们通过为行动者提供高质量的元规则，来表达每一方面的不同理性。这种元规则封装了基本种类的理性和各个面向的功能，于是不同种类的元规则被整合到一起，每一种元规则都封装了世界的不同面向，这具体表现在以下两个方面[1]：

一方面，当一个认知行动者建构其自身的规则集合，用以指导与世界某种方式的互动，且互动的方式在某一面向是有意义的，给定的某一元规则应该适合某一面向的理性。另一方面，认知行动者应该装备全系列种类的"面向理性"(aspectual rationality)，并将其作为元规则予以封装，当行动者与世界互动时，用以创造规则的集合或模型。

基于上述思想，巴斯顿等甚至认为，他们能为弗农（David Vernon）等所提出的具身难题提供一个解决方案。简而言之，这里所指的具身问题涉及以下五个方面[2]：

第一，如何确认种系发生配置（phylogenetic configuration）和个体发育过程。种系发生（phylogeny），即代际间的系统配置的进化，决定了感觉运动能力，该能力在一开始就分配给系统，并促进了系统的先天行为。个体发育（适应和学习）生成了我们所寻求的认知能力。为了得到发展，我们必须确认系统的最小种系发生状态。在实践中，这意味着我们必须确认和产生一些针对最小行为（minimal behaviour）的感知运动能力，以使得个体发育基于最小行为而随之生成，最终实现认知行为。

第二，如何满足对实时、同步系统-环境耦合的需求，以及对历史、情景和具身发展的需求。个体发育的最高速度受耦合速度的制约，而不受内部处理发生速度的制约。自然认知系统有一个学习周期，可以通过数周、数月或数年来衡量。人工系统由于能够提高内部适应和变化的速率，可以把学习周期压缩到数分钟或数小时，但学习周期不能低于互动的时间量程。换言之，我们不能

---

[1] Andrew Basden, Maria Kutar. Diversity in cognitive models[A].In: S. Nefti, J.O.Gray. Advances in Cognitive Systems [C].London: The Institution of Engineering and Technology, 2010: 479.

[2] David Vernon, Giorgio Metta, Giulio Sandini.Embodiment in cognitive systems: on the mutual dependence of cognition and robotics[A].In: S. Nefti, J.O. Gray. Advances in Cognitive Systems [C]. London: The Institution of Engineering and Technology, 2010: 7-8.

缩短个体发育过程，因为正是行动者自身的经验，限定了其对所侧身的世界的认知理解。

第三，明确动机如何影响行动。一个认知系统能够倾其一生，通过经验学习而渐进地获得推断和预测能力。在认知系统的这一发展过程中，动机发挥着重要作用。发展完全地依赖于动机，动机支撑着行动的目标，即动机驱动着行为和发展。尽管我们能够肯定最少存在着两种说明性动机：一种聚焦于发现世间新奇和规律性的事物；另一种聚焦于自身行动的潜力。但是，如何模拟种种动机及动机之间的互动，如何识别动机影响行动的机理，对此我们仍知之甚少。

第四，弄清认知系统生成的过程。这一过程表现在，生成的认知系统发现或为自己建构一个世界的模型，同时处于自身与这一世界的形态学依赖的（morphology-dependent）耦合或互动中，在此耦合或互动的语境中，该模型能使这一世界有意义。当代许多生成过程的研究聚焦于感觉运动之感觉-行为的不变性，如学习的动允性（learning affordances），但当前人们仍不清楚如何将这一工作拓展成为抽象的知识，以促进认知系统的预测、说明和想象。而这些正是一个真正的认知系统所表现出来的应有特征。

第五，如何应对"发展"在其最完整意义上对认知系统的挑战。最完整意义上的发展，体现于其对认知系统的支配特性上。不仅系统的状态受到发展的支配，而且系统的形态学、物理特性和结构（即认知系统的运动学和动力学）也受到发展的支配，而且后者促成了具身认知能力的涌现。为了实现这一形式的发展，我们需要新的自适应性物质和新的思维方式，并将发展的支配特性整合到我们的认知模型中。

为回应上述这些挑战，巴斯顿等的方案是引入元规则策略，但就其本质而言，它仍然属于心智机械论进路的研究范畴。所以，我们将会看到这一回应并不成功，这也在更深的层次上凸显了重构心智研究进路的必要性。

凭借元规则策略，巴斯顿等重新诠释了上述五个方面的难题[1]：

第一，认知能力如何依赖感觉运动能力得以发展，理解这一问题并不明确。鉴于分析的方面不能够还原为心理的方面，这一挑战能够得以解释。然而，杜伊威尔认为每一方面都与其他方面有内在的依赖和类比关系，所以，他对心理方面如何预期分析方面所做的讨论，有助于回应这一挑战。

第二，认知能力的发展速度受到与世界互动速度的限制。这一主张在规则

---

[1] Andrew Basden, Maria Kutar. Diversity in cognitive models[A].In：S. Nefti, J.O.Gray. Advances in Cognitive Systems[C]. London：The Institution of Engineering and Technology, 2010：480.

水平而非元规则水平，所以可为行动者提供高质量的元规则序列，以便加速这一过程。

第三，整合用以支撑目标的动机及各种动机间的互动。动机使得目标有意义，弗农等确认了这样的两种动机，即社会性的和探索性的动机。杜伊威尔表明远不只这两种生成意义的方式（即远不只这两个面向），从而将这一方面的难题予以拓展，但是，对面向间关系(inter-aspect relationships)的广泛探索，有助于解决该难题。

第四，拓展世界模型的自我建构，超越感觉运动或知觉行动，达到弗农所谓的更为抽象的知识，这些抽象知识对真正的认知系统极为重要。杜伊威尔不仅识别了这些更为抽象的面向，而且探索了它们的种类。因此，为行动者提供所有这些元规则有助于回应这一难题。

第五，新的自适应物质必须被整合于认知的形态学模型。由于传统的物理学预设了独特的实体，其与自适应物质观念不相容，因此需要新的思维方式。杜伊威尔意图表明，我们在物理方面本身不会发现差别，而在分析方面则会发现差别，在传统的关于物理实在的思考中，分析方面具有至高无上的地位。

总之，巴斯顿等认为，借由杜伊威尔的思想，可以揭示上述难题的症结所在，并找到解决这些难题的关键。也就是说，为应对多样性的应用和互动，巴斯顿等意图给认知行动者提供某一面向的元规则，建构具有某一面向理性的认知亚系统，从而给予该认知亚系统的某一面向理性以机械的说明，最终形成各面向理性的亚系统的集合。不言而喻，巴斯顿等的目的是，整合认知系统各个面向的理性，最终形成一个"通用意图"的认知系统，并借此回应上述难题。

二、笛卡儿的启示

然而，巴斯顿等的元规则策略能够解决认知系统的多样性互动和意义问题吗？通过分析，我们试图表明：无论从元规则建构过程，还是从整合各面向理性的最终目的来看，元规则策略在本质上类似于笛卡儿的通用机模型，因此它也摆脱不了笛卡儿的相关疑问。

我们知道，笛卡儿曾假想了一种认知通用机模型。这一模型详述了一种可机械化的通用控制结构，该控制结构不仅能捕捉认知机制的内在特异性，而且允许该机制刻画内在的状态与本质的动力学。按照惠勒的观点，我们应该将笛卡儿的通用机视为一个特定意图的亚系统的综合体。这里的"特定意图"意味着，只有限定于特定的工作域之内，亚系统才能够产生恰当的行为。然而，不同的情景构成了人类的日常生活，为使认知通用机在不同情景中一致和可靠地生成合适的行为，需要将大量的特定意图整合到一台机器中。惠勒认为，这是不可能的①。

然而，在面对不同的情景之时，人类却能够恰如其分地应对自如。人类是如何做到这一点的？原来，在惠勒看来，人类的理性能力类似一种广谱性的工具，该工具能够被应用于各种类型的认知情景，这正是认知通用机所缺乏而人类所擅长的②。换言之，人类能够配置所谓通用意图的推理过程，这一事实可以说明人类行为的特殊和强大的适应灵活性③。然而，人类推理过程的背后隐藏着一种理性，其似乎抵制任何机械化的说明。惠勒认为，这是一个比框架问题更为棘手的问题，因为通用机尽管能够在效果上解决框架问题，但它终究没有解决笛卡儿的责难。何以见得呢？

一方面，在笛卡儿看来，人类的智能行为一般是通用意图理性的产物；与此相反，整合了特定意图机制的任何综合体能够做什么，则不是没有限制的——没有哪一个单一的机器能够整合如此数量庞大的特定意图，以至于再生人类行为巨大的适应灵活性。由此，按照笛卡儿的观念，我们可以得出这样的结论：人类的智能行为通常是通用意图理性的产物，倘若我们要对通用意图理性做出机械化的说明，就要通过机械化的方式对人类行为巨大适应灵活性予以解释。但遗憾的是，我们目前还无法做出解释，也没有找到其他的解决办法。

另一方面，之所以将理性视为一种通用工具，原因是人们看到了人类行为的巨大灵活性。事实上，置身于广泛的情景范围，认知系统之所以能够成功地运作，关键在于其能够快速、流畅和灵活地进行语境转化。但是，这种对新语境的实时适应能力，强烈地排斥任何关于特定意图集合的机械化说明。为何会出现这种情形呢？原来，行动者掌控着大量的机制，倘要从这些机制中选定具体的特定意图的机制，并用以在特定时间里控制行动者的行为，其可仰赖的无

---

① Michael Wheeler. God's machines: descartes on the mechanization of mind[A]. In: Philip Husbands, Owen Holland, Michael Wheeler. The Mechanical Mind in History[M]. Cambridge: The MIT Press, 2008: 311.
② Michael Wheeler. God's machines: descartes on the mechanization of mind[A]. In: Philip Husbands, Owen Holland, Michael Wheeler. The Mechanical Mind in History[M]. Cambridge: The MIT Press, 2008: 316.
③ 这里需要特别指出的是，按照惠勒的观点，人类能够配置通用意图推理过程不同于数字计算机处理过程。按照笛卡儿前计算的图景，机器仅是整合的特定用途机制的集合。然而进入20世纪，随着数字计算机的兴起，人们引入了所谓的"通用推理机"概念，并将其以算法的形式应用于机械系统，例如，纽维尔和西蒙提出了一个著名的模型，即"通用问题求解器"。该模型能够表征目标状态和当前状态，并且通过"手段－目的"推理，可以给出一个两种状态之间差异的方案。但是，这些系统的引入能够表明，理性是可以被机器所实现吗？惠勒给出的答案是否定的，因为在这里又遭遇了AI的劲敌——框架问题。

非是某些机械原理。但是，迄今为止，我们并无相关的机械原理可资利用。而且，即便我们最终建构了一个笛卡儿式的通用意图的推理系统，其能够调查各种选项和做出选择，但一旦如此为之，"框架问题"却又显现了。

我们认为，笛卡儿的责难直指元规则策略的软肋。一方面，巴斯顿等所给定的某一个元规则只能适合于某一面向的理性，然而，为了应对有多方面诉求的世界，认知行动者应该装备全系列种类的面向理性，亦即行动者将其作为各种元规则全部地予以封装。于是，在与世界互动时，行动者能够以之创造规则的集合或模型。这就意味着，当元规则派生出了规则，我们即可依据这些规则，建立行动者与世界互动的机械模型。换言之，我们可以机械化地说明元规则背后隐藏的理性。然而，笛卡儿的责难表明，理性看上去却抵制这种机械化的说明。另一方面，元规则封装了基本种类的理性和各面向的功能，不同种类的元规则被整合到一起，每一种元规则都封装了世界的不同面向，这似乎体现了一种通用意图的理性。然而，若要突破情景约束，达到一种更为灵活和抽象且具有通用意图的认知理性，我们则不仅要承认抽象的、去语境化思维的存在，而且要说明这样的思维何以产生于过去存在的感觉运动能力，这就需要我们尽可能地从进化的角度去审视认知系统，如此一来，我们又回到了弗农等提出的具身难题之上。

总之，机械化地说明通用理性的种种努力屡屡遭遇框架问题而化为泡影，笛卡儿的责难一直没有得到令人满意的回应。由此，按照惠勒的观点，倘若不诉诸一个非机械论的通用意图理性能力，则不可能在经验科学上解释人类智能的巨大适应灵活性。正是缘于此，惠勒一再地告诫我们，不要低估了笛卡儿[①]。

第三节　重构的必要性

一、回归整体性命题

随着高新技术的发展，其所展现的魅力加剧了认知主义进路对意义论题的渗透，由此可能导致人们忽视心智具身的重要性，甚至忘却心智的社会和历史文化根源。高新技术不仅渗透到信息理论，而且拓展到人类生活的其他领域。

---

① Michael Wheeler. God's machines: descartes on the mechanization of mind[A].In: Philip Husbands, Owen Holland, Michael Wheeler. The Mechanical Mind in History [M] .Cambridge: The MIT Press, 2008: 327.

可以说，我们身处一个高新技术主导的时代。然而，侧身其中的我们却面临着一大困境：

一方面，我们盲目地相信技术和理性主义，在一个以新技术主义为主流意识的世界，我们崇尚技术决定论。另一方面，我们又极易走向另一个极端，拒斥各种各样的理性，走向非理性主义，于是不去反思理性的局限性和可能性，反而以煽动性的文化之争来取代人们之间正常的交流和沟通。

对技术的盲目信任，主要可归咎于我们对启蒙运动思想的曲解。大致而言，启蒙运动的本质特征是由两种力量定义的：一是社会概念（即一种社会契约）；二是新科学（如牛顿物理学等）[①]。令人遗憾的是，其后人类思想发展的轨迹却背离了思想启蒙的初衷[②]：

首先，原子化的个人主义先于共享的主体间性占据人类心智，从而助长和催生了一种自足自我（self-contained ego）的错觉。其次，在新科学的世界中，我们所建构的实在是自主的，独立于我们的干预。这样，我们深陷通过计算所建构的虚幻的实在之中，不能自已。

正如我们今天所见，科学通过设定过于简化的参数，建构了各个方面的理论模型，并且错误地将这些建构产物当作实在的真实描绘。由此造成的后果即是人类似乎已经适应了其自身的技术建构物，而人类发展进程没有纳入到人类真正需求的轨道之上，反而为这些技术建构物所钳制。恰如莱德迈尔（Karl Leidlmair）所言，我们往往通过软件来设定内容，这显然是本末倒置的，事实上我们应该按照想要的内容来编制软件。对此，他不无忧虑地指出，依赖于理论模型和对模型的技术应用，我们濒临失去基本技能的危险[③]。

要摆脱上述危险，我们不得不扪心自问：我们如何能够批判盲目和失控的理性主义（uncontrolled rationalism），同时又不落入非理性主义的陷阱？从某种意义上，非理性主义与理性主义二者殊途同归，它们共享着一个错误的假设——强加的秩序乃是理所当然的。殊不知，知识产生于语境化的人类行为，这一行为自身即承载着一定的意义。然而，由于传统的心智科学也与这一假设有着脱不开的干系，所以其不可能对上述问题有任何批判性的反思，这在一定程度上激发了我们重构心智研究的欲望。

[①②] Karl Leidlmair. After Cognitivism: A Reassessment of Cognitive Science and Philosophy [M]. London, New York: Springer, 2009: vii.
[③] Karl Leidlmair. After Cognitivism: A Reassessment of Cognitive Science and Philosophy [M]. London, New York: Springer, 2009: vii-ix.

于是，我们试图从认知科学的历史中寻觅重构心智科学的源泉和力量。伴随着笛卡儿的二元论假设，产生了这样一个问题：纯心理的事物何以成为纯物理事物的原因？换言之，我们如何获得我们意向性行为的心理说明，同时这一说明又与物理规律不相悖？按照物理学规律的预设，我们所认同的原因仅仅是物理的原因，我们没有给任何同物理学异质的原因留下空间。

行为主义者对这种二元论的最初反应，是将心理学的词汇还原为可观察的量。但是，人们很快发现，行为主义者所采取的这一做法过犹不及。行为主义者认为，心智类似于一种黑箱，研究人员只能观察和辨明这些进出"黑箱"的事物，至于"黑箱"内部的过程，则是捉摸不定和不可测量的。不可测量的事物就不会是科学研究的对象，而人们唯一可以了解和把握的，不过是外部刺激对行为的影响，由此，心理过程被看作刺激和反应之间的统计学的"输入－输出"关系。换言之，行为主义者漠视心理状态归属在行为说明中的巨大作用，从而将基于常识的心理学词汇弃之不顾。但是，正如民俗心理学所强调的，为了说明行为，我们需要对心理状态的归属有所言说，为此，我们转而求助于心智模型的建构。

在认知科学中，基于心智的计算表征理论，人们建构了多层次的心智模型，意图在获得心理说明同时，又不打破物理定律。所以，在行为研究中人们不得不假设人类智能行为背后隐藏着一系列的认知机制，而且该认知机制一方面要融合民俗心理学，另一方面又要尊重科学的标准。为了兼顾这两个方面，人们可以引入心智计算理论的"标准解释"。按照这一解释，心理状态和物理状态并非两个分割且不相容的本体论领域。相反地，心理状态作为另一层次的物理描述而得以理解。由此，心理状态被转换为类似于计算机程序的句法结构，而相应地该计算机程序能在物理结构（即程序的硬件）中予以实现。通过转换为形式规则和模型，心智计算表征进路试图捕捉智能行为。但是，实践证明，该进路遇到了类似理性主义所遇到的难题。

固守笛卡儿哲学的基本假设，认知科学全盘接受了经典认知计算理论的谬误。心理过程不过是人们经由所掌握的心智碎片，拼接而成的一个并不完整的心智图景，但其却被当作心智运作的真实描述。于是，我们在尘世迷失了自我，放任于追寻说明的规则，而计算所建构的现实却像一张网，牢牢地将我们束缚于其中。完全依赖于计算所掌控的世界，我们忘却我们行为的背景技巧，不晓得该技巧与我们的行为不可分割。正如莱德迈尔所要表明的，我们不可能以任何纯计算的或形式化的方式来处理背景技巧，换言之，背景技巧排斥向任何形式规则的转换。他认为,有两类知识的证明尤其抵制所有的形式化的努力,即"做某事物"和"成为某事物",前者于隐性技能(tacit skills)中极为常见,后者在社会知识中亦不陌生。这些知识大致相当于"只可意会,不可言传"的知识,都不能通过学习明显的规则而获得,只能在参与的过程中因经历而习得。对于这两种知识,人们没有必要意识到它们的存在。然而,它们却构成了我们日常行为的"透明背景"(transparent background)①。

为找到解决问题的突破点,打破笛卡儿理性主义的僵局,我们需要回归皮尔斯的整体性命题,借此重构心智的研究进路。皮尔斯曾经断言:心智、语言和世界之间的关系是不可还原的三态关系,若不能廓清三者的整体关系,则不足以理解其中任何两者之间的关系。对于皮尔斯的这一论断,我们姑且称之为"整体性命题"。我们认为,只有尊重"整体性命题"的理念,将"心智、语言和世界"这三者看作一个不可分割的整体,意义才能成为日常事务处理的本质特征,亦即不再是无意义载体的强加之物,从而避免派生意义的无情倒退。

二、走出中文屋困境

中文屋论证,是塞尔提出的一个著名的思想实验。借由中文屋论证,塞尔的本意是要批判强人工智能。然而,通过剖析中文屋论证,我们亦可发现重构传统心智研究的必要性之所在。通过阐述肖恩·加拉格尔(Shaun Gallagher)的观点,并对其加以阐发,我们即可得出这一结论。

加拉格尔指出,中文屋论证的结论有其合理性,亦即塞尔所言不虚,语义不能还原于计算的句法,或者说,句法本身不能给人们以语义(其关联于意向性和意义),我们不能凭借句法来引入语义。可以说,围绕着语义的充分必要条件等论题而展开论证,中文屋论证达到了其批判人工智能的预定目标,但是,它存在一个较大的缺陷:在语义问题上,中文屋论证过分地简化了认知系统,以至于"只见树木,不见森林"。

通过描述塞尔对"系统回应"的反驳,加拉格尔将中文屋的上述缺陷暴露无遗。那么,何谓"系统回应"呢?用塞尔的话来阐述,这就是②:

---

① Karl Leidlmair. After Cognitivism: A Reassessment of Cognitive Science and Philosophy[M]. London, New York: Springer, 2009: ix.
② Shaun Gallagher. The key to the Chinese room[A].In: Karl Leidlmair. After Cognitivism: A Reassessment of Cognitive Science and Philosophy[C]. London, New York: Springer, 2009: 88.

关在屋里的那个人不懂中文，这一点当然是正确的，然而，其只是一个完整系统的一个部分，而这一系统懂中文。此人手头有一个较大的分类账，其上写有规则。他有许多用于计算的便笺和铅笔，他还有中文字符的数据库。这样，理解能力并不应归之于个人，而毋宁应归之于其所在的整个系统。

"系统回应"意味着，作为整体的系统，它是理解中文的。但是，塞尔反驳说，如果我们能够内在化这一系统的所有元素，即记忆规则和符号，并使得屋中人在大脑中计算这些事物，屋中人还是不能理解中文。也就是说，塞尔将"规则"和"符号的数据库"视为系统的元素，而这些元素能够写在纸上，为其所用。他认为，它们原则上能够内在化，也就意味着它们能够被放入记忆中。如此一来，个人也就整合了整个系统，换言之，属于系统的东西，个人无所不包。

但是，加拉格尔指出，塞尔的这一反驳过分地简化了事情的原委，这主要体现在三个方面[①]：一是句法规则和中文字符不能简化为便笺。在实践中，有限的二者相组合，生成了无限的语言系统。二是中文屋中的人是一个意向性的系统（其已经在处理语义），而不只是个记忆库。既然屋中人懂得英语指示，在中文屋中已有某种英语意向性。三是若要内在化一个系统，仅仅意味着将其转化为数据库，这一点还不能明确。

基于上述三点，加拉格尔指出，尽管中文屋论证完成了塞尔的使命，表明了意向性不能还原为句法程序。但是，其走向了一个简化的认知系统观念。原因是，在构想中文屋论证时，他所接受的关于系统的定义，是由强人工智能激发的认知科学所提供的。

塞尔对系统的过度简化，紧密地关联于这样一个事实：在描述中文屋时，他将自身封闭，在其自身和外界世界之间设置了一堵无形的墙。这堵墙造成的隔绝，在加拉格尔看来，甚至延伸到塞尔自身的哲学理论[②]。在中文屋论证中，塞尔完全忽视了他的言语行为和意向性理论，特别是意向性的背景理论。殊不知这些理论正是走出中文屋的关键。

背景何以如此重要呢？原来，背景包含着做事的基本方法及事物运作诀窍。此外，背景是由意向性所预设的，这一点意蕴深远：倘若没有背景，则不

---

① Shaun Gallagher. The key to the Chinese room[A].In: Karl Leidlmair. After Cognitivism: A Reassessment of Cognitive Science and Philosophy[C]. London, New York: Springer, 2009: 89.
② Shaun Gallagher. The key to the Chinese room[A].In: Karl Leidlmair. After Cognitivism: A Reassessment of Cognitive Science and Philosophy[C]. London, New York: Springer, 2009: 91.

存在知觉、行为和记忆等，即不可能存在这些意向状态。背景为意向性行为，提供了必要但不一定充分的条件。因此，加拉格尔认为，在中文屋论证中，屋中人被剥离了相关的中文背景，特别地，他的行动和交往的能力（包括言语行为）都是非常有限的。事实上，中文屋缺失了社会的互动、共享的经验等一些重要的元素，而对于习得第一语言，或者掌握第二语言，这些元素都是不可或缺的①。

如此一来，我们想知道：额外还需要什么，才能使得这一系统拥有语义？也就是说，什么能够给予我们语义呢？

加拉格尔相信，我们可以从中文屋论证中寻找答案。对此，他如是说②：

塞尔试图反驳"系统回应"，并且借由大脑的生物学本质，他试图回答意义问题，在此过程中，尽管他忽视了一些重要的事物，但是，最好的系统进路事实上已经在其工作中展露无遗。

加拉格尔指出，由于中文屋是一个"句法的物理系统"（physical-syntactical system），其包括三个关键的要素，即物理过程、句法和语义。倘若假定中文屋能够生成意义，考虑到语义不是来自句法，那么，物理过程就是语义的唯一来源。但是，这里的物理过程是一种怎样的过程呢？

在塞尔眼中，这应该是一个神经生理学（neurophysiology）过程。原因在于，塞尔推崇一种生物的自然主义，即语义或意向性是大脑的一个涌现特质，其源自于大脑的生物学本质，而非量的复杂度。在塞尔看来，无论其数量和复杂程度如何，句法都不能够提供语义的充分条件，因此不得不从生物学中寻找答案。这就意味着，我们不仅需要设定一个神经生理学的层次，还需设定一个意向性的层次，但是无需设定一个数字计算过程的层次。

这里我们不免心生疑问：既然中文屋中存在着塞尔所要求之物——屋中人有神经生理学的大脑，为什么不能发展出语义呢？塞尔没有直接地回答这一问题，而是采取了一个排除的方法③：

首先，系统由物理过程、句法和语义组成。其次，语义不可还原为句法（正如中文屋所证明的）。再次，句法不能够自我说明。最后，语义必须在物理过程中生

---

① Shaun Gallagher. The key to the Chinese room[A].In：Karl Leidlmair. After Cognitivism：A Reassessment of Cognitive Science and Philosophy[C]. London, New York：Springer, 2009：91-92.
② Shaun Gallagher. The key to the Chinese room[A].In：Karl Leidlmair. After Cognitivism：A Reassessment of Cognitive Science and Philosophy[C]. London, New York：Springer, 2009：88.
③ Shaun Gallagher. The key to the Chinese room[A].In：Karl Leidlmair. After Cognitivism：A Reassessment of Cognitive Science and Philosophy[C]. London, New York：Springer,2009：92.

成——物理过程即神经生理学过程。

事实上,结合本书前文所述的"新论证"(即升级版的中文屋论证),我们即可做出这样的揣测:由于塞尔过分地简化了认知系统,故而其将中文屋的物理过程视为一种经典的机械论的物理过程。在他看来,"意向性"显然无法依托于这样的物理过程。如此一来,语义既不是来自句法的,亦不是来自物理过程的,于是中文屋无法生成意义。

据此,我们认为,诉诸上述的神经生理学层次,即意味着认知物理过程要依托于一种新的物理学——非机械论物理学。另外,诉诸上述的意向性层次,即意味着一个更为完善的认知系统所涉及的复杂性,包含并超越了脑生理学和句法,换言之,其包含着外在的复杂性,涉及物理的和社会的环境、文化传统、主体间的交互(其只能在具身实践中予以实现),以及语境化的言语行为等[①]。

按照加拉格尔的观点,由于当今认知研究进路过分地简化和抽象其研究范式,以致危机日益显现。然而,心智是一个复杂的认知现象,而这一复杂性体现于加德纳(Howard Gardner)所谓的"朦胧概念"(murky concepts),其涉及情感、语境、文化和历史等概念。显然,这是一些现象学的因素,其超越了生理或句法的表现,也是人类认知的必要条件[②]。有鉴于此,我们认为有必要重构当今的心智研究进路。

第四节 重构的两个向度

回归整体性命题,并引导心智研究走出"中文屋困境",重新激发人们对心智意义的兴趣,将会极大地改变传统心理学的主题:心理学家的工作不应该是从外部观察人类心智,相反地,只有将解释学内化到世界意义的生成过程中,心理现象才能完全得以理解。但是,我们应该如何着手呢?

达斯卡尔(M. Dascal)的思想为我们指明了解决问题的切入点。鉴于语境与人们行为的不可分割性,达斯卡尔曾经指出:人类智能的一个主要的特征,应该是以实用主义的方式,适应其所置身语境之变化。所以,对于心智科学而言,最重要的问题不是"知识表征的问题",亦不是"为认知系统提供更多知识

[①] Shaun Gallagher. The key to the Chinese room[A].In: Karl Leidlmair. After Cognitivism: A Reassessment of Cognitive Science and Philosophy[C]. London, New York: Springer, 2009: 92.
[②] Maria Eunice Quilici Gonzalez.Information and mechanical models of intelligence: What can we learn from cognitive science? [A].In: Itiel E. Dror. Cognitive Technologies and the Pragmatics of Cognition [C]. Amsterdam, Philadelphia: John Benjamins Publishing Company,2007: 94.

的问题",而是要设计一些认知系统,不为打着知识标签的事物所累,亦即设计的系统要能够拒绝其认为不合理的辩护,实用地选择被认为合理和相关的标准①。另外,不应该漠视人类心智的社会方面的意义,因为知识的语用方面是派生于辩护的公共或社会特性的,然而,这一点在很大程度上却为主流认知科学界所忽视。由此造成的后果即是心智在语用和系统这两个方面的分析,在当代心智研究中一再缺失②。

然则,目前心智研究中出现了两种新的态势,一定程度上迎合了达斯卡尔的上述思想:一是基于胡塞尔、梅洛-庞蒂等的现象学观念,强调认知行动者和环境之间的动态互动,引入了激进的具身认知观念。二是哈瑞等倡导"第二次认知革命",认为认知行动者是置身于社会文化环境之中的生物体。在这两种态势的挟裹之下,我们越发地接近皮尔斯的整体性命题,并有望走出中文屋困境,重构心智研究进路的序幕已然拉开。

一、向度一:激进具身层面

由于存在着固有的缺陷,计算表征主义受到哲学界众多学者的批判,诸如德雷福斯对去语境知识的责难、普特南对方法论个人主义的抨击,这些批判的合力共同开启了一个新的认知革命,将人们的目光由"形式的算法"引向了"内容和意义"。与此同时,人们也越发地认识到身体在认知过程中的关键作用,即认知的意义是通过身体的体验及其活动方式而生成的。尽管当前的具身认知研究已经具有浓厚的海德格尔意味,但按照德雷福斯的观点,这还远远不够,认知的研究应该变得更加激进,更加海德格尔化。

(一)认知观念的颠覆性理解

一般认为,激进的具身主义观念源自于安迪·克拉克(Andy Clark)的思想,他将这一观念定义如下③:

激进的具身认知论题认为,符号的、表征的和计算的认知观念是错误的。具身认知最好通过非计算、非表征的理念或说明体系得以研究,换言之,涉及动力学系

---

①② Maria Eunice Quilici Gonzalez.Information and mechanical models of intelligence: What can we learn from cognitive science? [A].In: Itiel E. Dror. Cognitive Technologies and the Pragmatics of Cognition [C].Amsterdam, Philadelphia: John Benjamins Publishing Company, 2007: 111.
③ Anthony Chemero.Radical Embodied Cognitive Science[M].Cambridge: The MIT Press, 2009: 28.

统理论研究方法。

毋庸讳言，克拉克的具身观念彻底颠覆了人们对认知观念的传统理解。我们认为，这主要表现于以下三个方面：

第一，传统认知观念认为，认知系统固然是一个因果的机械系统，同时其也是一个基于表征的信息处理系统，以符号结构的方式接受、存储、操纵、计算、输出信息，因此可以将其归之为一种中央计算过程，并能以之来解释系统的、有规律的行为。上述具身观念则恰恰相反，它拒斥认知研究对计算过程和表征结构的依赖性。例如，德雷福斯提出一种具有反表征主义意味的具身观念——具身的应对（coping）。

第二，这一具身观念修正了传统认知观念对环境的忽视，提倡从生物体-环境动力学的角度来描述认知。传统认知观念认为，心智的认知能力是离身的（disembodied）。这一看法有着深刻的功能主义背景，功能主义认为，人们可以使用抽象符号来建构心智的机械模型，并使之能够独立于环境发挥功能，而无关乎建造其的材料基底。换言之，任何允许符号计算的物质基底（material substrate）都能够为研究和理解行为提供有效的框架。相反地，在具身观念中，人们强调认知现象对环境的依赖性，从而使得认知研究"嵌入"一个"生物体-环境"系统[1]。

第三，不同于传统认知观念，激进具身观念主张一种动力学的立场：一方面，存在大量的动力学模型，表征的说明对其无所增益；另一方面，正是通过这些动力学模型，人们得到了认知现象的最佳说明[2]。例如，通过建构神经的动力学模型，沃尔特·弗里曼（Walter Freeman）试图对大脑的思维过程进行说明。

（二）德雷福斯主义

作为激进具身观念的主要推介者和诠释者，德雷福斯对计算和认知进行了深层的哲学反思，从而揭示了"现象世界"和"符号表征世界"之间无法弥合的裂痕。为了克服计算表征主义的缺陷，德雷福斯提出了一种激进的具身认知进路，放弃了一种孤立和分离心智的假定，转而将思维理解为一种具身行为的结果，即一种脑、身体运动和世界本身的互动。由此，身体被看作是直接嵌入

---

[1] Anthony Chemero. Radical Embodied Cognitive Science[M]. Cambridge: The MIT Press, 2009: 73.
[2] Hubert L. Dreyfus. How representational cognitivism failed and is being replaced by body/world coupling[A]. In: Karl Leidlmair. After Cognitivism: A Reassessment of Cognitive Science and Philosophy[C]. London, New York: Springer, 2009: 58-60.

世界的,世界本身即成为其自身最好的表征。

1. AI 的表征主义纲领

与规则主义（nominalism）和概念主义（conceptualism）有着亲缘关系的表征主义,催生了心智的计算主义观点,尤其是与颇有市场的认知主义的合流之后,一度成为认知科学的研究纲领。

认知科学仅是关于心智和智能如何运作的理论,而认知主义却认为,所有心理现象原则上都是认知的。在某种程度上,这就意味着所有的心理和智能现象都涉及思维。诚如德雷福斯所言,在认知主义的影响之下,思维的观念已经超越了传统的界限,由涉及思考和推理的领域,拓展到涉及感知、技能和情感的领域[1]。感知等在传统上被认为与思维分属于不同的范畴,但是思维的观念拓展之后,感知等亦被认为属于思维的范畴,不过它们属于某种"无意识"的思维。

另外,当思维观念的拓展之后,认知主义之所以能获得强大的说服力和适用性,与其所隐含的关于思维的经典机械观点不无关系。这种观点假定:按照命题逻辑或语句逻辑的类型（sentential logic categories）,我们能够对思维或推理予以解释,而对于这一解释的过程,我们称之为"布尔运算",即以包含 0 或 1 的字符串进行编码。这一观点作为一种经典的计算理论为世人所熟知,它经由众多逻辑学家的努力而发展至今,最终为计算机科学及人工智能的发展开辟了道路[2]。

但是,经典的计算理论还不足以为"自然智能科学"（science of natural intelligence）设定基础。计算表征主义假定,表征基于经典的机械化计算模型而运作,所以,表征理论的错误恰恰源自于作为其基础的经典计算理论。经典计算理论是离散的、逻辑的,而串行计算进路正是基于该理论而生成的,显然其无法应对现实的、连续的、非线性的自然智能[3]。

因而,德雷福斯坚信,基于计算主义的传统人工智能研究,可被视为一个"衰退的研究纲领"（degenerating research program）。倘若沿着这一纲领发展下去,

---

[1][2] Myrna Estep.Self-Organizing Natural Intelligence：Issues of Knowing, Meaning and Complexity [M]. Dordrecht：Springer, 2006：124.
[3] Myrna Estep.Self-Organizing Natural Intelligence：Issues of Knowing, Meaning and Complexity [M]. Dordrecht：Springer, 2006：125.

人工智能研究必将会陷入绝境①。

2. 德雷福斯：反表征主义的 AI 进路

为了克服传统计算表征主义的缺陷，追随海德格尔和梅洛－庞蒂等的现象学思想，德雷福斯提出一种反传统的人工智能研究进路，旨在以一种全新的范式来审视 AI 研究。这种进路拒斥任何将心智予以孤立和分离的假定，转而将思维理解为一种具身行为的结果，即一种脑、身体运动和世界本身的互动。毋庸讳言，这一进路本质上即是一种激进的具身认知进路，其拒斥各种形式的内在表征，因为其认为内在表征不仅引发了感官材料与其解释的严格分离，而且引起直接感知与其反应的严格分离；相反地，具身认知进路认为身体应该直接嵌入世界，并宣称"世界本身是其自身最好的表征"。这一思想与海德格尔哲学精神一脉相承。在海德格尔看来，人类从原初就寓居于这个世界，按照这一观念，当我们遇到事物时，我们不是将其看作理论的对象，而是视之为实践中所面对的实事（Pragmata）②。

显然，这种海德格尔式的具身进路本质上是一种反表征的论述。因为德雷福斯反对将"感觉数据"与其表征（该表征处在心智概念中）相分离，而试图采取一个比较激进的做法，即从一开始就避免像传统那样割裂心智和现实（在传统观念中，现实被认为是独立于心智的）。在他看来，正是这种表征主义使人工智能无法实现，只要思维被理解为——将解释的固定模式（set patterns）投射于感觉数据之上，人工智能的框架问题就无法彻底解决③。

有鉴于此，德雷福斯从现象学的路径出发，并结合最新的神经生物学研究，从而为其研究设定一个反表征主义的基调。德雷福斯假定，我们的感觉数据是有意义的，这一点可以直接被感受到，而并非像表征主义者所认为的那样，意义是指派的。这也就意味着，当我们自在地寓居于世界之时，有意义的对象并

---

① Hubert L.Dreyfus.How representational cognitivism failed and is being replaced by body/world coupling[A].In：Karl Leidlmair. After Cognitivism：A Reassessment of Cognitive Science and Philosophy[C].London, New York：Springer, 2009：43.
② Hubert L.Dreyfus.How representational cognitivism failed and is being replaced by body/world coupling[A].In：Karl Leidlmair. After Cognitivism：A Reassessment of Cognitive Science and Philosophy[C].London, New York：Springer, 2009：ix-x.
③ Hubert L.Dreyfus.How representational cognitivism failed and is being replaced by body/world coupling[A].In：Karl Leidlmair. After Cognitivism：A Reassessment of Cognitive Science and Philosophy[C].London, New York：Springer, 2009：ix.

非存储于心灵或大脑中的世界模型中——它们即是世界的本身①。在德雷福斯看来，个中原因主要集中于以下两个方面②：

一方面，研究者遇到了表征的显著性（significance）和关联性（relevance）问题，德雷福斯认为这一问题隐含在笛卡儿对世界的看法当中。笛卡儿把世界理解为一个无意义事实的集合体，认为心智将所谓的"价值"指派给事实。但是，海德格尔提醒人们：价值是一个更加没有意义的事实。海德格尔举例以明之：倘若说锤子有敲打的功能，人们就忽视了一个重要的方面，即锤子和其他事物之间的定义关系（defining relation）。这里的其他事物包括，钉子及其他器材、构筑物的着力点、所需的使用技巧等。然而，正是所有的这些关系彰显了锤子的存在方式，即海德格尔所谓的"上手性"（readiness-to-hand）。相反地，仅仅为原初事实（brute facts）指派一些形式的功能谓词（function predicates），并不能捕捉到锤子的存在方式，同样也无法企及日常世界的有意义的组织性。因此，海德格尔认为，通过在价值的特性中寻求庇护，我们远未窥探到"存在"作为"上手性"的真面目③。

另一方面，借由"显著性"和"相关性"等，关于日常世界的经验被组织起来，并皆备于我。但是，显著性的建构不能通过赋予原初事实以意义来实现。因为我们一般不能够经验原初事实，而且即便我们能够经验，亦没有任何价值谓词能够赋予其情景的显著性（situational significance）。由此，德雷福斯不免心生疑问：考虑到生物体所能接受的只是物理的能量，这些无意义的物理刺激是如何被直接经验为某种显著性的？显然，表征主义的模型对于这一问题的回答，并不能有所增益。因为其套用的仍然是笛卡儿式的模型，而该模型具有两个方面的特点：一方面，大脑通过其感觉器官接受外界的输入；另一方面，大脑从这些刺激信息中抽象出特征，凭借该特征大脑构建了一个关于世界的表征④。

3. 走向具身的应对（embodied coping）

德雷福斯不仅借鉴了布鲁克斯（Rodney Brooks）、阿雷格（Phil Agre）和查

---

① Hubert L.Dreyfus.How representational cognitivism failed and is being replaced by body/world coupling[A].In：Karl Leidlmair. After Cognitivism：A Reassessment of Cognitive Science and Philosophy[C]. London, New York：Springer, 2009：265.

②③ Hubert L.Dreyfus.How representational cognitivism failed and is being replaced by body/world coupling[A].In：Karl Leidlmair. After Cognitivism：A Reassessment of Cognitive Science and Philosophy[C]. London, New York：Springer, 2009：41.

④ Hubert L.Dreyfus.How representational cognitivism failed and is being replaced by body/world coupling[A].In：Karl Leidlmair. After Cognitivism：A Reassessment of Cognitive Science and Philosophy[C]. London, New York：Springer, 2009：58.

普曼（David Chapman）等的思想，而且进行了进一步的阐发①。德雷福斯认为，作为一种认知系统，人类能够从物理世界中汲取能量，并对世界做出相应的反应；世界对于人类不仅是开放的，而且还依据人类的需要、兴趣和身体能力而被组织起来，因而无需心智将意义强加于无意义的给定事物。另外，当人们获取了技巧，这些技巧能被"存储"起来，不是作为表征存在于人类的心智之中，而是作为世界中情景的诉求（solicitations of situations）；通过经验而学习到的东西，不是被表征给行动者，而是作为被越来越精细区分的情景，直接展现于他们。在这一技巧性的行为中，人们为获得对情景的越来越强的掌控力而进行活动。也就是说，为了最大限度地攫取对情景的控制，人们无需表征之类的事物②。

事实上，德雷福斯的上述观点在对传统理性主义批判的基础上，引导人们采取一种具身应对的立场。该立场的观点主要体现在以下两个方面：

一方面，理性主义传统贬低身体的作用，将身体视为通向真正知识的障碍。德雷福斯对此进行了批判，他认为身体是智能行为不可分割的一个部分，其在智能行为中发挥着巨大作用。通过分析技能获得的过程，德雷福斯很好地阐明了这一点③：

在获得某一门技术时，比如学会开车、掌握跳舞的技巧或者精通一门外语，起初我们必须很慢地、很别扭地、有意识地遵循规则。但是，假以时日，一旦我们掌握了技术的要领，我们终将操作自如。在这一点上，我们看上去并不是将这些严格的规则不知不觉地变成无意识的，而是获得了一种肌肉的格式塔（muscular gestalt），这样使得我们的行为获得了新的灵活性和平稳性。对于获得能够知觉的技巧，亦是同样的道理。

另一方面，基于明确的规则，智能机器的感知能力得以运作。与之不同的是，德雷福斯认为，人类知觉的灵活性可归因于人类的具身本性。类似于智能机器，人类也需要知觉方面的反馈，以便评估其是否成功地识别了一个对象。

---

① Hubert L.Dreyfus.How representational cognitivism failed and is being replaced by body/world coupling[A].In: Karl Leidlmair. After Cognitivism: A Reassessment of Cognitive Science and Philosophy[C]. London, New York: Springer, 2009: 47.
② Hubert L.Dreyfus.How representational cognitivism failed and is being replaced by body/world coupling[A].In: Karl Leidlmair. After Cognitivism: A Reassessment of Cognitive Science and Philosophy [C]. London, New York: Springer, 2009: 50-51.
③ Hubert L.Dreyfus.How representational cognitivism failed and is being replaced by body/world coupling[A].In: Karl Leidlmair. After Cognitivism: A Reassessment of Cognitive Science and Philosophy [C]. London, New York: Springer, 2009: 248-249.

但是，这两种反馈之间存在着一个重要区别。譬如，一个机器充其量能做出一系列具体的假设，然后发现其能够为数据所确证和否证。然而，人类却能够凭借更为灵活的标准，不断地调整其预期，人类无需审查具体的特征或者具体范围的特征，而仅需基于他们的预期，审查他们是否在应对目标。这里所谓的"应对"无需被定义为任何特定的特性集合，而只需被视为不断发展的掌控力，梅洛－庞蒂称之为"最大限度的掌控"（maximum grasp）。但是，何为最大限度的掌控，要视行为者的目标和情景资源的不同而不同，所以，其不能以任何与情景无涉的或意图无关的术语来表达[1]。

最终，德雷福斯主张，智能行为应该是一种具身的应对。这里所谓的应对，描述了生物体（动物或人类）如何与物理世界（其客观上无意义可言）产生互动，生物体以这种方式应对"按照生物体的需要而组织起来的环境"，并找到自身合适的生存方式。由此，具身的应对行为被感受为所谓的"技巧行为的稳流"（a steady flow of skillful activity），而且该技巧行为能够对情景做出回应。一旦生物体的情景偏离了最理想的身体－环境格式塔，它的行为立即介入，以引导其接近最优，从而释放了这种偏离的张力，而且它无需知道什么是最优，其身体自会被吸引，从而降低这种张力[2]。

（三）弗里曼的动力学模型：意义的直觉

倘若生物体接收的一切事物无非是物理的能量而已，那么这些无知觉的物理刺激又是如何作为意义而直接经验到的？一般的神经模型即便考虑了动力学耦合（dynamic coupling），也无助于回答这一难题，原因在于这类模型万变不离其宗，仍然属于上述最基本的笛卡儿模型[3]。笛卡儿模型的实现途径无非是，应用规则或是改变模拟神经元之间联系的权重。前者一般被认为不能解决框架问题，后者的意义则被认为是从外界附加的，因为神经网络没有可追寻的目标，其甚至不能凭借过去的经验和当前的刺激，以动物的方式来决定刺激的意义。

在上述这两种途径中，计算机或大脑都被视为无意义数据的被动的接受者，

---

[1] Setargew Kenaw.Hubert L.Dreyfus's critique of classical AI and its rationalist assumptions [J]. Minds and Machines, 2008, (18): 230.

[2] Hubert L.Dreyfus.How representational cognitivism failed and is being replaced by body/world coupling[A].In: Karl Leidlmair. After Cognitivism: A Reassessment of Cognitive Science and Philosophy [C]. London, New York: Springer, 2009: 54.

[3] Hubert L.Dreyfus.How representational cognitivism failed and is being replaced by body/world coupling[A].In: Karl Leidlmair. After Cognitivism: A Reassessment of Cognitive Science and Philosophy [C]. London, New York: Springer,2009: 58.

而意义不得不被强加于数据之上。与此类似,传统神经科学进路的一大难题在于,大脑如何将相关的特征相互"捆绑"在一起?这一问题即是所谓的神经科学版本的人工智能框架问题:大脑如何追踪在其表征中哪些事实与其他事实相关?如同在人工智能框架问题中,只要心智或大脑被认为是被动地接受无意义的输入,且输入需要有意义和相关性附加于其上,这一"捆绑"问题就不能解决。

但是,对于上述难题,我们并非束手无策。因为我们知道"捆绑"问题源于一个根深蒂固的传统观念:通过探测无意义的特征,并且一步步地处理这些特征,心智从而能够向上地获得一个统一的表征。所以,按照弗里曼的观点,要彻底根治传统观念所造成的这一"捆绑"问题,人们必须找到心智获取世界信息的正确渠道。为此,他给出的解决方案即是,类似于梅洛-庞蒂在现象学层次的开拓性工作,我们可以在动力学理论层次上发展所谓的"第三条道路"——其介于理性主义和经验主义[①]。

基于这一解决方案,弗里曼对许多研究人员的做法持一种怀疑和批判的态度。这些研究人员假定,输入是从外界被动接收的。相反地,弗里曼推崇梅洛-庞蒂的思想,他坚信大脑具身于动物,而动物为了满足自身的需求而在环境中活动。所以,弗里曼通过建构神经科学的模型,借鉴梅洛-庞蒂现象学的描述,试图以某种方式阐明活跃生物体直接企及意义的途径。通过这种神经科学的建模,弗里曼形成了其神经动力学思想:大脑可以看作一个非线性的动力学系统,其超越了对特征的提炼,能将感觉信息和过去的经验相结合;知觉系统以过去的经验和寻求的激励为投入,以获得相关的经验作为回报,从而能识别刺激及其对个体的特殊意义。为了证实这一动力学思想,弗里曼多年潜心研究兔的嗅觉、视觉、触觉及听觉,基于兔脑和环境之间的耦合,他发展了关于动物学习的模型,从而说明了一个活跃动物的大脑如何能够直接选取和增强(augment)其所侧身世界的意义[②]。

事实上,弗里曼的最终目的即是,换个角度来考虑"捆绑问题"的解决途径。鉴于环境对动物的重要性不言而喻,他想知道,在嘈杂的背景之中动物如何能选择一个统一的意义形象(unified significant figure)[③]。这也就意味着,弗里

[①] Hubert L.Dreyfus.How representational cognitivism failed and is being replaced by body/world coupling[A].In: Karl Leidlmair. After Cognitivism: A Reassessment of Cognitive Science and Philosophy [C]. London, New York: Springer, 2009:59.
[②③] Hubert L.Dreyfus.How representational cognitivism failed and is being replaced by body/world coupling[A].In: Karl Leidlmair. After Cognitivism: A Reassessment of Cognitive Science and Philosophy [C]. London, New York: Springer, 2009:60.

曼将"捆绑问题"转化成了"选择问题"。然而，正如我们所看到的，这种选择并非发生于世界的既有图式之中，而是发生于动物与世界先前互动而形成的图式之中。

（四）吉布森的生态信息观念

为解开心智之谜，激进的具身认知理论无疑带给人们新的启迪和憧憬。但是，卡麦若（Anthony Chemero）认为，倡导这种激进的具身认知并非易事，不得不承认人们很难抗拒内在表征观念的诱惑。原因在于，激进的具身认知进路深陷一个两难的境地[1]：

一方面，为了维护激进的具身认知进路，必须反对经典的认知表征主义观念，由此需要采取一个关于认知系统的特定说明立场，即所谓的动力学立场（dynamical stance）。卡麦若认为，这是一种方法论的立场，它承诺以动力学的方法来说明知觉、行动及认知，而不涉及任何表征。

另一方面，动力学方法论的策略已然成功地运用于诸多认知研究领域，尽管如此，卡麦若认为，它还是遇到了一个计算表征主义进路所不曾遇到的棘手问题，即"发现问题"（the problem of discovery）。

发现问题可谓由来已久，其发端于20世纪初的马赫与波尔兹曼之争，其后一度在科学哲学界激起了广泛的讨论。一般认为，"发现问题"可以归结为"能够生成用以验证的假设"。在计算表征主义进路中，通过"心智（或大脑）即是计算机"这一假定，人们构造了心智的多层次模型，从而能够卓有成效地生成各种可供验证的新假设。反观动力学立场，境遇则大相径庭。由于动力学立场只是一个方法论的承诺，无非是一个工具主义的产物，所以没有必要明确其研究的主题，从而不受形而上学的羁绊。但这也就意味着，较之于计算表征主义进路，动力学立场没有类似的背景假设和心智模型，不足以引导发现，因而也就没有一个系统地生成新假设的方法。在卡麦若看来，这是动力学立场的一个非常严重的缺陷[2]。

然则，激进的具身进路是如何突破这一两难的境遇的？其解决方法即是寻找一个背景理论，或者更为准确地说，一个能够明确其研究对象的背景理论。这就引出了吉布森的生态信息观念，它能够为我们指明动力学方法的具体研究对象，从而提供了我们需要的这种背景理论。

---

[1][2] Anthony Chemero. Radical Embodied Cognitive Science[M]. Cambridge: The MIT Press, 2009: xi.

吉布森因其对知觉的研究而闻名于学术界。为弥合传统知觉观念所造成的三种割裂，即感觉（sensation）和知觉（perception）的割裂、刺激和反应的割裂及观察者和环境的割裂，他将信息理论与视知觉理论相结合，从而创立了有深远意义的生态信息进路。一般而言，他的生态信息进路主要体现在以下两个方面：

一方面，吉布森对知觉的传统观念持一种否定的态度。首先，在知觉的传统观念中视觉的目的一般看作是，通过二维的输入内在地重构三维的环境。但是，吉布森并不认同这一观念，相反地，他认为知觉的功能是对适应行为的引导。其次，知觉的传统观念认为，知觉起源于心智中的信息处理，并引起了物理上的感觉能力。但是，吉布森拒斥这一传统观念，反对将知觉看作任何形式的"心理体操"（mental gymnastics），因为他认为，这种理解知觉的信息处理方式在心智（这里信息一旦被添加，知觉就发生了）和世界（这里只有物理的光与视网膜发生相互作用）之间人为地设置了一条不可逾越的鸿沟[1]。

另一方面，在吉布森看来，知觉应该是一个非推理（noninferential）、非计算（noncomputational）的过程，换言之，知觉即是对可获得信息的直接提取，而无需任何的中介过程[2]。

上述两方面相结合，就形成了吉布森最为知名的理论——可供性理论（theory of affordances）。如果知觉是直接的，就无需任何不可直接获得的附加信息；如果知觉要引导行为，环境必须包含足够的信息，这就意味着，环境必须包含着能为行为指定时机的信息。换言之，环境必须包含能指定"可供性"的信息。

总之，吉布森的生态信息观念（作为形而上学和认识论的背景），采用一种动力学立场的方法论，为我们描绘出一幅激进的具身认知的理论图景。这一图景意在表明：心智并非一个抽象的或虚幻的事物（ethereal property），而是一个境遇的现象（situated phenomenon），也就是说，其涌现于特定的历史和生态语境之中。

二、向度二：社会文化层面

如前所述，激进的具身认知进路融合了布鲁克斯的思想——世界本身是其自

---

[1] Anthony Chemero.Radical Embodied Cognitive Science[M].Cambridge: The MIT Press, 2009: 18
[2] Anthony Chemero.Radical Embodied Cognitive Science[M].Cambridge: The MIT Press, 2009: 98.

身最好的表征，其拒斥一个孤立和分离的心灵，从而将思想理解为具身行为的结果，即理解为大脑、身体运动（bodily movements）和世界本身的相互作用。既然身体与世界是直接相契合的，内在表征就并非是必要的，从而不仅反对感觉数据与其解释之间的严格区分，而且反对直接直觉与其反应之间的严格区分。

但是，这种关于具身进路的阐述存在着走向极端的危险性，即将"对笛卡儿二元论的排斥"等同于"对事物的盲目和无思想的应对"。在科林斯（Collins）看来，对激进认知具身的承诺，绝不意味着要将其还原为某种盲目的实用主义，从而忽视了人类智能的高阶方面，诸如语言、文化和理性等。人类和低等生物之间存在着重要的区分，人类的主要决定因素是语言，而不是身体。基于这些考虑，科林斯认为，只有嵌入到社会之中，认知的具身进路才能够得以完善①。

（一）具身的社会维度

事实上，科林斯的上述思想可以在海德格尔那里找到影子。按照海德格尔的理念，我们所能企及的事物不是作为理论对象，而是作为应对事物的实践指南。具身几乎处于所有意向性的中心，但其仍需要一个重要的补充，即社会维度的"此在的在世"（dasein's being-in-the world）；换言之，思维不只是具身的，其还被嵌入到语言和文化之中②。

迄今为止，在论述行动者与物理环境的互动之时，大多数的具身认知理论主要聚焦于个体身体和其认知过程之间的关系。这一点是极不寻常的，因为行动者参与社会互动的能力不仅是人类文化的基石，而且也是复杂社会生活和社会认知的平台。正如约翰逊（M. Johnson）和罗勒（T. Rohrer）所言：具身认知总是社会的，并且经由个体之间的相互协作而得以执行。因此，我们需要从个体与物理环境之间的互动，转向群体与其社会环境之间的互动。一旦认识到这一点，我们甚至可以主张：具身的理论需要突破当前的观念，亦即个体层面的具身观念③。

辛哈（Chris Sinha）和詹森（Krisitne Jensen de López）可谓进一步阐发了上述观念——他们关注于具身认知的社会维度。他们认为，尽管社会因素在

---

① Karl Leidlmair.After Cognitivism：A Reassessment of Cognitive Science and Philosophy[C]. London, New York：Springer, 2009：x.
② Karl Leidlmair.After Cognitivism：A Reassessment of Cognitive Science and Philosophy[C]. London, New York：Springer, 2009：ix.
③ Jessica Lindblom.Minding the body：interacting socially through embodied action. Linköping Studies in Science and Technology Dissertation No.1112[D]. Linköping, 2007：104.

早期的具身研究中多有提及，但是对于一些关键性的问题却没有深入地加以阐明。诸如，物理世界和社会世界之间关联性如何得以实现？生物体的社会环境和物理环境这二者是以何种方式相互关联的？这也就意味着，尽管人们对社会经验的相关性不无肯定，但是对其并没有做出应有的阐发。一言以蔽之，具身论题需要继续超越出身体，他们由此呼吁一种"拓展的具身观念"（an extended notion of embodiment），具身观念不应仅局限于"人的肉体"（humanly corporeal），其还应将具身的社会维度一同整合进来①。

遗憾的是，正如辛哈和詹森所指出的，当前的具身进路正面临着一大困境，即对于文化和社会在人类认知中的作用和关联性，缺乏足够的认识，从而遭受了类似于皮亚杰的发展理论所遇到的局限性。此外，他们还注意到——尽管具身进路已经在个体层次对身心二元论大加挞伐，但是对个体和社会之间的二元论立场仍然一以贯之②。因此，尽管人们长篇累牍地谈论具身论题，但对具身在认知和语言中的作用，则语焉不详。

辛哈等观点得到众多学者的呼应，例如，齐格勒（A. Riegler）认为，既然他者也是自我世界的一部分，社会维度所体现出的，更多地应是具身的深度而不是具身的不一致性。又如，安德森表示，既然至少有些生物体"耦合到"（coupled to）物理和社会的环境，各种生物体和社会世界之间的"扰动通道"（perturbatory channels）因而是存在的，所以，若要概括所有的具身观念，就必须强调生物体和其社会环境之间的互动③。

（二）走向"第二次认知革命"

鉴于具身社会维度的不可或缺性，我们把目光转向"第二次认知革命"。从某种意义上讲，布鲁纳（J. S. Bruner）和哈瑞分别开创和发展了"第二次认知革命"。在我们看来，正是"第二次认知革命"提供了重构心智研究进路的另一个切入点。

首先，我们来审视"第二次认知革命"的开端。

说到"第二次认知革命"的开端，就不能不提到布鲁纳，因为他本人心理学思想的转变恰恰体现了从"第一次认知革命"到"第二次认知革命"的转向。英国心理学家哈瑞曾经评价说：这是个特别令人欣喜的讽刺，因为"布鲁纳曾

---

① Jessica Lindblom. Minding the body: interacting socially through embodied action. Linköping Studies in Science and Technology Dissertation No.1112[D]. Linköping, 2007: 104-105.

②③ Jessica Lindblom. Minding the body: interacting socially through embodied action. Linköping Studies in Science and Technology Dissertation No.1112[D]. Linköping, 2007: 105.

是参与第一次认知革命的建筑师,却也是第二次认知革命中最活跃的分子和最具原创性的发言人之一"①。

我们认为,布鲁纳所开启的"第二次认知革命"为心智研究设定了历史的航标,远远地超越了其所处时代,对之后的具身认知研究产生了深远的影响。事实上,当许多人还在为具身认知——将心智再次情景化于(resituating)身体——奔走呼喊时,布鲁纳及其追随者哈瑞等已经迈出了下一步,即将具身的心智重新情景化于其社会环境——认知是人类所为之事物,因而可在人们的互动中公开地观察到,而非隐匿于他们的大脑之中②。

20世纪中期,布鲁纳和两位合作者出版了《思维的研究》(*A Study of Thinking*)一书,用结构发展论向当时社会的主流理论,即行为主义和刺激-反应的学习理论提出直接的挑战。与此同时,布鲁纳等还做了大量的实验心理学的研究,这些研究表明:知觉、判断和归类等不仅依赖于生物体所接受的刺激,而且还依赖于对先在的认知图式(pre-existing cognitive schemata)的应用。此后,认知研究中逐渐引入了大量的规则、图式和约定等,为说明人类行为(包括社会生活)模式做了铺垫,催生了将心智视为信息处理装置的思想,最终形成了心智的计算模型。正如宋文里所言③:

> 自兹而后,对于认知、思维和心智的心理学研究逐渐取代非心智论,并且使心智的形式结构和计算机科学的人工智能理论合流而形成认知科学(cognitive science)。这就是"第一次认知革命"的结果。

然而,进入20世纪80年代中期,随着认知心理学的深入发展,人们要求其能为科学心理学提供坚实的基础。语言作为研究认知的主要工具,开始成为各种研究的焦点。布鲁纳(Jerome Bruner)随之逐渐认识到,社会认知过程先于个体的思维行为,第一次认知革命或许陷入了个体主义假设的桎梏。所以,他竟然推翻了享誉三十年之久的旧有学说,转而投入另一个知识范式的怀抱,也就是维高茨基(Lev Vygotsky)的社会历史心理学(sociohistorical psychology),或称之为文化论④。这即是哈瑞所谓的"第二次认知革命"的开端。

宋文里认为,所谓的"第二次认知革命"事实上就是指文化论在人文科学之中的发展,它到目前都还在默默地进行中——十几年来,有一支逐渐成型的心理学,叫做"文化心理学",正反映了这场无声的革命。我们可以说,"第一次认

---

① Rom Harré. The Second Cognitive Revolution[J]. American Behavioral Scientist, 1992, (36): 5-7.
②③④ 宋文里. 译者导言 //Bruner J. 教育的文化:文化心理学的观点[M]. 宋文里译. 台北:远流出版社. 2001.

知革命"把认知研究带进来,然而"第二次认知革命"却正要把认知带出去。但是,出到哪里呢?宋文里指出,就是要出社会。具体而言,首先要把心理学里的个体主义予以彻底地社会化,要糅合境遇(situated)的实践知识理论,然后要从20世纪语言哲学的人文研究里取出最为核心的方法论——叙事法(narrative)和话语分析(discourse analysis)——来安置这种社会化过程。这一"社会化"对心理学来说,至少有两个意思:一是长期以来心理学被视为"非社会的社会科学"(nonsocial social science),因此,它终究难免会产生内在的反省动力来改变它的体质;二是它毋宁更像是说,心理学需要"社会学化",因为布鲁纳在提出这个转向的新名称(也就是"文化-心理取向",或"文化心理学")之时,他建议读者参看一些属于类似努力方向的新作,而这些作品的古典源流应是维高茨基、涂尔干(Emile Durkheim)、舒兹(Alfred Schutz)及韦伯(Max Weber)[1]。

需要指出的是,宋文里曾经追问:个体性和社会化之间为什么不能各安其所?譬如说,心理学是研究个体性和心智本质的心理学,而社会学是研究社会体制和社会化的社会学,为什么要让它们之间形成像知识演化一样的过渡关系呢?对于个体性和社会化之间的这种微妙关系,布鲁纳有句箴言似的说法:"心智之独特奥秘,就在于它本具有隐私性且禀赋着主观性,但尽管它有那么多隐私,心智还是不断创生了公共的产物。"[2]这里的"公共的产物"就是指在世界之中透过符号系统(譬如语言)而保存和传达的公用知识。这里布鲁纳事实上已经为我们点明了"第二次认知革命"的必要性。

其次,我们来审视"第二次认知革命"的发展。

说到"第二次认知革命"的发展,就不能不提到哈瑞。作为"第二次认知革命"主要推动者之一,哈瑞将布鲁纳的上述思想进一步地阐发,从而将话语(discourse)提到了认知研究的中心地位。

哈瑞一开始就意识到,"第二次认知革命"主要推动力之一即源自哲学界,特别是维特根斯坦的后期思想。在维特根斯坦看来,当我们抓住了人们行为透露出的意义,我们就理解了人们的行为,换言之,要阐明某一符号所指的事物(无论其是物质的东西还是心理的意象),事实上就是以某种方式捕捉符号的语义或表征的特性——对某事物意味着某事物。所以,企及意义或意向现象的一般渠道即是,审视人们在实际中如何处置"文字模式"(word patterns)及其他

---

[1] 宋文里. 译者导言//Bruner J. 教育的文化:文化心理学的观点[M]. 宋文里译. 台北:远流出版社. 2001.
[2] J.S.Bruner.Celebrating divergence: piaget and vygotsky [J].Human Development, 1997, (40): 63-73.

符号系统。他由此得出的信条即是，意义乃是我们对我们符号的用法①。

有鉴于此，哈瑞进一步推断，心理行为本质上并非一些所谓的内在过程的设置，而是在人类实践背景下所定义的一系列技巧或运动，其遵循非形式的规则。这些规则是人类在实践中所遵循的，而不是在心智计算表征模型中所假设那类内在的规则。当我们思考我们是否正确地使用词语之时，这些规则显而易见。其后，我们能将视野进一步地拓宽，从而领会使用各种概念的正确或错误的方式。可以毫不夸张地说，左右着符号（或概念）使用的规则无处不在，而且这些规则是可辨别和说明的，所以，人们依循这些规则而生活，反过来这些规则又塑造了人类的意象或心理世界②。

为了在上述规则运作的框架下来审视人类行为，从而能够理解人类行为的内在意义，哈瑞借鉴了维特根斯坦后期哲学的一些独特的思想，从而将话语提到了心智研究的中心位置。概念作为思维的基础，其通过话语而表达，话语被放置在语言中，通过语言的使用能够完成许多不同的认知任务。由此，处于社会文化群体中的人类共同建构了话语，并使之成为解释框架的重要组成部分。如果心智被理解为某一领域的技巧和技能，其能使世界对个体有意义，那么就要修正我们传统的心智概念，这一传统观念将心智视为笛卡儿式的实体，其具有自足且自我封闭的主体性。但是，哈瑞显然并不认同这一传统观念，他认为，心智乃是广域的结构化影响力（structuring influences）的汇聚之地，个体生物体的研究方式不足以描述这一特性③。

按照哈瑞的上述观点，倘若我们要阐明心理学的主题，就不得不考虑话语、意义、主体性及定位（positionings），因为心理现象孕育于其中。心智研究要成为理解这些现象的通道，不得不将多元的社会文化话语整合进一个可识别的人类个体，使得这个体也能处于这些话语之中，并与之产生千丝万缕的联系。所以，从某种意义上讲，心智乃社会建构物并非虚言，因为我们的概念来自我们的话语，其塑造了我们的思维方式，换言之，我们概念化心智的方式正是我们话语中可获得概念的产物。

毫不夸张地说，自"第二次认知革命"观念引入之后，心智研究发生了一系列的重大变化：人们关注于认知的社会维度，并深刻认识到——知识不仅孕

---

①② Rom Harré.The second cognitive revolution[A].In：Karl Leidlmair. After Cognitivism：A Reassessment of Cognitive Science and Philosophy[C].London, New York：Springer, 2009：182.
③ Rom Harré.The second cognitive revolution[A].In：Karl Leidlmair. After Cognitivism：A Reassessment of Cognitive Science and Philosophy[C].London, New York：Springer, 2009：183-184.

育于人类身体活动,而且来源于人类情景化的社会环境。对心理事物的说明不能还原为生理学,这一观念激发了人们对人际间符号交互的兴趣。如此一来,心智和个体(personality)之间的交互解释,不仅改变了传统心理学的主题,同时对传统的心智研究框架予以修正:心理学家的工作不是从外面观察个性,相反,只有将解释学内化到世界意义的生成过程中,心理现象才能得以理解[1]。

第五节 心智研究的中间地带

上述两个重构的向度各有侧重,而且倘若循着历史的脉络予以审视,我们发现二者之间似乎还存在着一定的冲突。原来,在人工智能领域认知系统之所以屡遭诟病,皆可归因于社会文化层面的不充分性(inadequacy),换言之,认知系统在技术上是成功的,但是由于其不能满足其应用环境的需求,因而其还是不被接受。这一不适应的根源并非出自认知系统本身,而在于系统对周围环境的不充分性。这一结论如此显而易见,以至于人们曾预期,社会文化层面的问题将推动人工智能未来的发展。然而,后来人工智能发展的方向却出乎人们的意料。自20世纪80年代开始,人工智能朝着"新人工智能"(nouvelle AI)方向迈进。由于批判人工智能研究的理由一般可归结为两个因素,即"过分地简化模型"和"忽略物理的身体",新人工智能转而致力于提高模型的复杂性,并建造一些功能强大的机器,以便能够有效地模拟生理能力[2]。无疑,新人工智能的理念开创了一种新的理念,这就是:旨在将人工智能还原为自然过程的模拟,并在一定程度上弱化社会文化层面在认知研究中的应有地位。

我们认为,在一定意义上,这两个重构向度之间的冲突反映了新康德主义哲学家李凯尔特所提出的"自然科学"和"文化科学"之争[3]。因此,深入地探讨这两种科学之间的争论,一方面有助于更好地理解当前心智研究的认识论现状,另一方面有助于更为准确地把握心智研究的未来发展方向[4]。

首先,我们来审视所谓的自然科学。在最早的自然环境之下,人类只能乞怜于外界自然的势力。一方面心存对大自然的敬畏之情,另一方面为生存起见,

---

[1] Karl Leidlmair. After Cognitivism: A Reassessment of Cognitive Science and Philosophy [C]. London, New York: Springer, 2009: xiii.
[2] Jean-Gabriel Ganascia .Epistemology of AI revisited in the light of the philosophy of information [J]. Know Techn Pol, 2010 , (23): 64.
[3] 文化科学亦即所谓的人文科学,因此,这里我们也可以说"自然科学"与"人文科学"之争。
[4] Jean-Gabriel Ganascia. Epistemology of AI revisited in the light of the philosophy of information [J]. Know Techn Pol, 2010, (23): 55.

利用本能的行为，根据积累下的经验，于是产生了一种自卫的适应。科学的种子，就在这里面种下。到了近代，肇始于伽利略，历经其他众多科学家的努力，以及与神学之战争，最终确立了近现代科学的基础。于是人们对于科学弃其以前鄙视的态度，而抱一种盲目的态度，渐将自然视为人类统治的对象。最终，人们给予自然科学观念这样的一个界定，即自然科学的性质是"描写的"（descriptive）[1]。对此，我们可以援引李凯尔特的话来解释[2]：

> 自然科学把与任何价值都没有联系的事物和现象看作自己的对象。它的兴趣在于发现对于这些事物和现象都有效的普遍联系和规律，因此必须采用"普遍化的方法"。这一点既适用于物理学，也适用于心理学。这些科学都不从价值和评价的观点去考察自己的对象，都把个别、特殊之物当作非本质成分而不予考虑，仅仅把大多数对象所共有的成分包括到自己的概念之中。

然后，我们来审视所谓的文化科学。在19世纪末期，李凯尔特引入了"文化科学"观念，其深刻地影响了后世的许多学者，诸如韦伯、海德格尔等。作为自然科学观念的对立面，文化科学的性质是规范的（normative）。这一点体现于李凯尔特关于历史文化科学的论述之中[3]：

> 历史的文化科学作为文化的科学来说，要研究与普遍文化价值有关的对象，而作为历史的科学来说，则必须从对象的特殊性和个别性方面叙述对象的一次性发展。……对历史的文化科学来说，只有那些在其个别性方面对于作为指导原则的文化价值具有意义的事物，才是本质的。

为什么要引入这样的文化科学观念呢？李凯尔特的意图乃是，为人文科学（包括历史学、社会学和法学等）提供一个严格的基础。或者更为确切地说，李凯尔特试图以自然科学之方式，来特征化人类行为之意义，即将文化被理解为"目的导向的行为之结果"。换言之，他想建构出一门经验科学，借此为人类的成就（human achievements）提供一个恰当的解释：人类的成就即是心理过程之结果。但是，他认为，应该将这种心灵的科学特征化方式与心理学区别开来，因为后者一般通过物理学的方法来企及心理现象。对他而言，精神现象有一种特异性，使其不能还原为物理现象，即便精神现象能够诉诸理性和实证的质询。

---

[1] 罗志希.科学与玄学[M].北京：商务印书馆，1999：17-18.
[2][3] 涂纪亮.序言//[德]H.李凯尔特著.文化科学和自然科学[M].涂纪亮译.北京：商务印书馆，1991：iii.

因此，自然科学和文化科学之间的差异必须明确地体现在这一特异性之上[1]。

事实上，心智研究的缺陷并非源于心智模型的简单化，而是由于其对外在环境的不充分性。由于文化科学的目的是理解人类的行为，人们应当通过参考一些文化科学的观念来拓展心灵的研究进路。从哲学的观点来看，这意味着心智研究要参与到文化科学之中，亦即其不能彻底还原为"自然科学"，或者诸如数学等其他理论科学。但是，心智研究亦不能还原为"文化科学"。由此，我们需将心智研究引入李凯尔特所确认的"中间地带"（intermediary domain），更为确切地说，其既属于理论的科学（包括形式逻辑、数学和自然科学），又属于文化的经验科学[2]。

综上所述，在认知科学研究中，激进的具身进路和"第二次认知革命"看似对立，然而，倘若深入加以考量，我们发现二者事实上并非互相排斥，而是各自从一个侧面出发，共同地为心智进路的重构开辟了一条道路。在心智研究中存在着两种相对的极端倾向，即文化的相对主义和绝对的理性主义。人们在批判其中的一个极端时，往往走向了另一个极端。然而，诚如玻姆所告诫我们的：不要从一种教条跳进另一种教条。因此，我们主张的心智的重构既不要偏执于终极的理想，也不要禁锢于文化的相对主义，而是要在理性和非理性之间寻求一种必要的张力。

---

[1] Jean-Gabriel Ganascia. Epistemology of AI revisited in the light of the philosophy of information [J]. Know Techn Pol, 2010, 23: 67.

[2] Jean-Gabriel Ganascia. Epistemology of AI revisited in the light of the philosophy of information [J]. Know Techn Pol, 2010, 23: 69-70.

第四章 心智非机械论进路

经过逐步的发展和完善,心智机械论进路在实践中获得了巨大成功,为人们描绘了一幅令人憧憬的人工智能蓝图。认知科学家们深以为荣,他们声称:心智的机械模型(如计算机模拟等)能够为人类的认知研究,提供一个良好的说明工具。

但是,这种进路存在着重大缺陷,而且可以说是致命的。简单而言,这一缺陷即是使用无意义的信息来说明智能行为。我们知道,智能行为总是与有意义的信息捆绑起来的,所以,如何使用有意义的信息来说明智能行为,这是我们不可回避的问题。另外,尽管我们致力于发展一种进化的、生物学启发的认知系统,信息处理框架内的计算表征理论还保持着巨大的理论和实践的优势,使得心智机械论进路欲罢不能。但令人遗憾的是,按照笛卡儿的观点,人类的理性似乎强烈地排斥这种心智机械论进路。

我们最终之目的乃是,力求理解人类的心智,然而,人类作为一种复杂的认知系统,将复杂的神经系统与复杂的文化环境完美结合,要彻底描述这类系统的心智,确非易事。要解开人类心智的奥秘,我们不仅仅需要强调身体与环境的互动的重要性,而且要透彻地了解人类的社会文化属性、物质性质涌现的机理等一系列重要的问题。换言之,我们需要回答:作为具身认知系统的心智如何涌现于物质的世界?要回答这些问题,心智机械论进路显得无能为力,所以我们不得不另辟蹊径,尝试在新的物理学平台上——量子力学层次——对心智进行探究。

另外，如果说心智、语言和世界之间是不可还原的三元关系，那么，我们可否说，心智、意义和信息之间的关系是前者更高层次的另一种显现形式呢？由此，要彻底破解心智碎片化理解这一难题，关键是找到心智获取世界信息的正确通道。按照冈萨雷斯的观点，我们应该坚持一个整体的信息观念，并将其作为一种对心智的态度，即不应该将心智从信息的领域中剔除出来，反而应该将其与信息过程的源头相关联，因为只有如此而为之，人们才不会破坏心智的意义整体性。秉承这一观念，冈萨雷斯进而认为，应该放弃那种基于计算表征的机械论进路，反而应该采取一个整体的信息进路，由此导向一个心智的非机械论研究进路[①]。按照这一新的研究进路，尽管世界充满有意义的信息，我们无需通过表征来把握这些信息，而需要感觉我们置身于其中的"隐缠序"。

值得注意的是，冈萨雷斯的信息观念与詹姆斯·吉布森的生态信息观念密切相关。按照吉布森的观点，生态信息可以理解为复杂的、可供性的动力学之网——作为世界的源泉，其具有潜能促使生物体伺机而动。吉布森的生态信息观念只能在行动者与环境耦合的语境下得以理解，其间行动者和环境二者协同进化[②]。

第一节　非机械论世界图景

机械论的世界观的基础并非牢不可破，但是它在某些领域内相当成功地指导了科学理论的发现和实验活动的展开，这使得它颇受人们的赞誉。休谟从经验主义出发曾经给其以致命的打击，幸而康德将其作为思维普遍结构之基础，重新确立了其地位。但是，当我们发现这一观念并不适用于亚原子物理时，我们似乎陷入了矛盾和无所适从的境地，因为机械论世界观是如此的根深蒂固，以至于它差不多已经成为人类理性的代名词[③]。然而，破除对传统观念的迷信，恰恰彰显了人类理性力量之所在。对机械论世界观的反思，引导我们走向一个非机械论的世界图景，同时，这一转向也伴随着方法论层面的重大变革。

[①②] Maria Eunice Quilici Gonzalez.Information and mechanical models of intelligence: what we can learn from cognitive science? [A]. / Itiel E.Dror. Cognitive Technologies and the Pragmatics of Cognition [M]. Amsterdam,Philadelphia: John Benjamins Publishing Company,2007: 118.

[③] [英] 大卫·伯姆.后现代科学和后现代世界 [A]//[美] 大卫·格里芬.后现代科学——科学魅力的再现 [C].马季芳译.北京：中央编译出版社，1995：144.

一、非机械论物理学

玻姆是所谓的非机械论物理学最具代表性的倡导者之一。他认为，相对论是背离机械论物理学且走向非机械论物理学的首要一步。相对论引入了关于时间、空间和物质的新概念。爱因斯坦曾经指出，物质的组成要素不是一个个分离的微小粒子，场遍布在所有空间之中。空间有强区和弱区之分，有些稳定的强区代表着粒子。倘若你观察一个漩涡或旋流，你便会发现，水在旋转时，离中心越远，运动越弱，但永不会停止。漩涡实际上并不存在，存在的只是运动着的水，而漩涡是你的头脑从运动着的水这种感觉中抽象出来的一种模式和形式。如果把两个漩涡放在一起，它们将彼此产生影响；于是就出现了相互调整的一种变化中的模式，但这仍只是一种模式。你可以说存在着两种模式，但那只是一种便利的思维方式，当它们越来越接近时，它们也许会融为一体。当你看到流动着的水存在某种模式，这些模式其实并不是独立存在的，它们是流动这种运动的变现或形式，是头脑为便利起见而暂时抽象出来的概念。至少在那一层面上，流动的模式是最根本的实在。当然，19世纪的所有物理学家都深知这一点，但他们认为，水实际上是由微小原子构成的，因而漩涡和水都不是实在；只有构成万物的微小原子才是实在。因而这个问题并没有使他们感到棘手[①]。

但是，爱因斯坦的相对论表明，将这些分离的原子当成存在是矛盾的。他的解决办法是，认为场和流水没有什么差别；所谓的场，就是它充满时空，且所有粒子都在其中做稳定的运动，就如同漩涡是一种暂且未定的形式，人们可以把它想象为一个存在并可以给它命名。我们谈论一个漩涡时，实际上它并不存在。同样，我们可以谈论粒子，但是粒子也是不存在的：粒子只是运动场中的某种运动形式的名称。如果将两个粒子放在一起，它们将会彼此逐渐调整，最终合二为一。因而这种理论与机械论的假定是矛盾的，机械论假定认为，宇宙的构成物是分离的、基本的和机械的。这就产生了玻姆所谓的"完整的整体"或"流动的整体"的观点，它还被称作"无缝的整体"。宇宙就是一个无缝的和完整的整体，我们在其中所观察到的所有形式都是我们的观察和思维方式抽象出来的结果，这种方式有时极为便利。

毋庸讳言，相对论保留了机械论的某些基本特征。例如，相对论认为，在

[①] [英]大卫·伯姆.后现代科学和后现代世界[A]//[美]大卫·格里芬.后现代科学——科学魅力的再现[C]. 马季芳译.北京：中央编译出版社,1995：87.

空间中处于不同点的场是相互分离地存在着的，彼此不存在任何联系。这些基本要素只是局部地发生联系，位于一点的场只能影响到其附近的场，这种观点强调基本要素的存在是分离的，而不会对远离它的事物产生直接影响。这种概念现在被物理学家们称作"局部"，它排除了远距离的联系。对于机械论发展而言，现代科学中的"局部"概念至关重要。

由于机械论在科学实践中成效显著，使得人们完全相信了它的真实性。然而，随着量子理论的提出，一个更为重大的变化随之而来，从而彻底地颠覆了机械论。在玻姆看来，量子理论至少体现着以下四个新的特征[①]：

第一，量子论假设，一切行动或一切运动都可以在一个被称为量子的非连续的且不可分的单元中找到。早期的量子理论认为，电子不得不从一个轨道跃迁到另一个轨道，而不经过中间地带。机械论的核心，即粒子不断运动的观点因此遭到质疑。量子论认为，所有运动都是由极为细微和非连续的运动构成的，这些运动不像人们通常认为的，是通过穿越中间空间从此处到达彼处。这是一个理解的难点。

第二，物质和能量都具有一种双重性；它们既可以表现为波，也可以表现为粒子，视其在实验中被处理的方式而定。一个电子通常是一个粒子，但其也可以表现为波；光通常以波的形式出现，也可以表现为粒子；它们的变化取决于处理它们的环境，也就是说物质的性质取决于环境。这种观点与机械论完全相悖，因为机械论认为，粒子的性质与其所处的环境无关。

第三，量子论体现了其非局部联系的特性。在某些领域，事物可以很明显地与任何远距离的其他事物发生联系，而无需借助任何外力来推动这一联系。

第四，量子力学具有与机械论相悖的特征，即整体组织着部分，即便是普通事物也是如此。人们在生命体和有机物中均可发现，整体状态组织着有机体中的不同部分。

总之，按照量子理论的观点，根本不存在连续的运动；部分与整体之间的内在联系、不同部分之间的联系，以及与事物密不可分的环境依存等，却是存在的。

二、整体的世界观

自 17、18 世纪以来，人类对自身和世界的看法发生了翻天覆地的变化。人

---

① [英]大卫·伯姆.后现代科学和后现代世界[A]//[美]大卫·格里芬.后现代科学——科学魅力的再现[C].马季芳译.北京：中央编译出版社,1995：89-90.

类通过观察、实验和理性思考逐渐系统地发展出机械论物理学，并形成了相应的现代世界观。人们假设其能够把某些要素从整体中抽取出来，并可在分离的状态下认识它们的真相。事实上，人们对于作为整体的宇宙的任何认识，都是其观察和思维方式抽象出来的结果。这种方式有时极为便利，也很有功效，但是倘若认识不到它的局限性，陶醉于一时之得，就会陷入盲人摸象的境地。尽管任何一个层面上的发现都有助于另一个层面上的研究，但是不能完全解释那个层面发生的现象①。

进入20世纪，相对论、量子理论等物理学的最新成果不断涌现，极大地动摇了这一现代思想的基础。在这一背景下，玻姆进行了一个"有新意和创造性的尝试"，即基于非机械论物理学的观念，他提出了一种所谓的"完整的整体"世界观，并以之取代传统的机械论世界观，从而将宇宙解释成单一的、一体的自然系统②。

这一"完整的整体"世界观的提出，得益于玻姆早年的物理学研究。玻姆于加州大学伯克利分校工作期间，曾经在一种特殊的气体状态，即在等离子体状态下，观察过微小的粒子。玻姆发现，粒子存在于等离子体状态时，其行为表现不再是一般认知的独立个体，比较像是种相互联结，借此形成某种更大存在体的一部分。基于这一实验，玻姆逐渐形成了一种非机械论的物理学思想③。玻姆认为，传统的机械论物理学通过还原的方式来理解整体，即将整体分解为最基本的部分，因而这一物理学观点将不连续的物体作为首要的实在，而把有机体的包容和展开当成第二位的现象；然而，非机械论物理学拒斥这一观点，认为应该从整体出发，转而将包容和展开的连续运动（即玻姆所谓的整体运动）看作是第一位的，从而理所当然地把分离的物体视为第二位现象。这就意味着，从某种程度上说，整个宇宙是主动地包含于它的每一部分之中。由于整体包含于每一部分，故而从某种程度上还可以说，其他部分是以某种形式包含于每一部分之中的④。

在《整体性与隐缠序——卷展中的宇宙与意识》一书中，玻姆对这一非机

---

① 王治河. 另一种后现代主义（代序）[A]//[美] 大卫·格里芬. 后现代科学——科学魅力的再现 [C]. 马季芳译. 北京：中央编译出版社，1995：10.
② [英] 大卫·伯姆. 后现代科学和后现代世界 [A]//[美] 大卫·格里芬. 后现代科学——科学魅力的再现 [C]. 马季芳译. 北京：中央编译出版社，1995：91.
③ [美] 桂格·布莱登. 无量之网——一个让你看见奇迹、超越极限、心想事成的神秘境地 [M]. 达娃译. 台北：橡实文化出版社，2010：9.
④ [英] 大卫·伯姆. 后现代科学和后现代世界 [A]//[美] 大卫·格里芬. 后现代科学——科学魅力的再现 [C]. 马季芳译. 北京：中央编译出版社，1995：91-93.

械论物理学的整体论观点进行了具体的阐述。由于世界观中永远包含着秩序的观念，玻姆首先做出这样一个假设：倘若能从高处观看宇宙的全貌，世界上的物体看起来仿佛是发生于另一个领域的事件的投射，那是个我们看不见的领域。玻姆将此可见与不可见的领域，分别地描述为两个更高、更普遍的秩序，即所谓的"显析序"（explicate order）和"隐缠序"（implicate order）。在此基础上，玻姆指出，我们看得见、摸得到且呈现分离状态的所有物件，诸如岩石、海洋、森林、动物、人类等，都是万物"显析序"的范例。这类物件看似彼此分离，但在更深层次的真实现状中它们实则相互联结，只是以我们在宇宙中所处的位置，无法一睹它们的联结方式而已。除此之外，一切看似分离的物体都被玻姆视为更宏大整体的一部分，而这一整体则被称为"隐缠序"[①]。

为了便于我们把握"隐缠序"与"显析序"二者之间的微妙关系，玻姆还给出了一个溪流的比喻。他假设这样的一个情景：当我们以各种不同方式观看到溪中水流时，可以看见溪中水流的各种搅动状态，如漩涡、涟漪、波浪、水花等都处于无止境的变化之中，在我们看来，这些都是独立的事件。但是，玻姆却提醒我们：这只是我们的一种幻觉而已，事实上这些现象无法独立存在，它们反而以极其紧密且深刻的方式彼此联结。换言之，这些可能受到抽象形态支配的瞬间存在状态，暗示的只是一种相对的独立性，而非绝对的独立存在。换言之，它们全是同一条溪流的一部分[②]。

之后，玻姆提出了一个更清楚的比喻，描绘宇宙如何成为分散的却不分割的整体。他仔细思考过万物间相互联结的本质后，越发地相信世界运作的方式就像个巨大的宇宙全像图（cosmic hologram）。在全像图中，物件的任何部分都包含了该物件的整体，只不过规模较小。在玻姆看来，我们眼前所见的世界，其实投射自发生在宇宙更深层次的更真实事件。这个更深层次就是一切的源起，也就是隐缠序。在这般"上行下效"和"存乎中，形于外"的观点下，模式就存在于模式之内，完整如自身，也因自身而完整，只是规模不同而已[③]。

通过上述这些不同的比喻，玻姆旨在描述他对宇宙及其中包括我们在内的一切事物的观感：在这种一体的自然中，万有一切可能只是更宏伟的宇宙模式

[①] [美]桂格·布莱登.无量之网——个让你看见奇迹、超越极限、心想事成的神秘境地[M].达娃译.台北：橡实文化出版社，2010：9.
[②] [美]桂格·布莱登.无量之网——个让你看见奇迹、超越极限、心想事成的神秘境地[M].达娃译.台北：橡实文化出版社，2010：10.
[③] [美]桂格·布莱登.无量之网——个让你看见奇迹、超越极限、心想事成的神秘境地[M].达娃译.台北：橡实文化出版社，2010：10-11.

的一部分，而且每一部分均衡地共享彼此。最适合解释这种新的深刻理解形式的说法或许是，"流动运动中不可分割的整体"。

最终，"完整的整体"世界观应该对意义和价值有所承诺，也就是说，不应将物质和意识割裂开来，也不应将事实、意义及价值割裂开来，意义和价值不仅是世界的组成部分，也是我们的组成部分。诚如玻姆所言[①]：

> 万物都是通过相互的包含而彼此具有内在联系的，那么整个世界，无论社会还是自然界，显然也是通过我们意识中的包含性与我们的思维过程有着内在联系的。因为我们思维的内容正是我们所感知和认识的世界。这些内容不仅是我们的表象，而且还是为我们提供我们生活中全部意义的源泉。

三、非机械论的心物观

当前，反传统的心智研究进路方兴正艾，意图重获认知计算主义所迷失的关键元素：内容、语境及我们知识的情境等。但是，在将反传统的心智研究推向深入之前，我们必须重新思索心智和物质之间的关系，也就是说，我们应该重新审视传统的心物观。

我们知道，任何基于物理过程的意识理论都面临着一个难题：意识经验如何从这些过程中发生？为解决这一难题，许多认知科学家倾向于使用经典的物理学概念，但是，机械论物理学的概念在逻辑上是不充分的，这事实上排除了意识的存在。

面对这一概念上的难题，非机械论物理学的优势逐渐凸现出来，它建议人们更新关于物理实在的总体结构观念，以便更好地理解心物关系。举例来说，钱伯斯（Dave Chalmers）认为，宇宙的物质可能就是信息，经典的物理学理论乃是基于物质实体（material substance）的，而量子物理学则是构筑于信息结构之上的，所以，量子物理学很可能在理解意识过程和脑过程之间的联系时，发挥着重要的作用[②]。有鉴于此，我们需要确立一种非机械论的心物观，以取代传统的机械论的心物观。

---

① [英]大卫·伯姆. 后现代科学和后现代世界 [A]//[美]大卫·格里芬. 后现代科学——科学魅力的再现 [C]. 马季芳译. 北京：中央编译出版社，1995：94.
② Henry P. Stapp. Mindful Universe: Quantum Mechanics and the Participating Observer [M]. Berlin: Springer, 2007: 2-3.

（一）心物观的症结所在

毋庸讳言，在试图阐明心智本质及心物关系的时候，我们困难重重。心智和物质在基本性质上差异显著，但是二者又密切关联，以致人们一再尝试将心智还原为物质。一旦如此还原，则意味着心智过程与大脑中的神经生理过程是同一的。这种还原的论调备受争议。许多哲学家认为，意识经验在许多特性上不同于客观的神经生理过程，包括意识的质的特征、意识的主观特质、意识的意义及意向性等方面，因而他们对身心还原论提出了严肃的质疑。皮尔凯恩（Paavo T. I. Pylkkänen）即是其中一个代表人物。

皮尔凯恩认为，关于意义的最大困惑或许缘于这样一个简单的事实，即当我们有意识时，存在我们可能称之为体验（experiencing）的事物，但是，体验是何物，其又是如何产生的？客观物理过程如何能够涌现体验？很明显，无论作为生命体的我们何其所是，我们无疑是经验的存在。同样明显的是，经验并不能独立于物理的过程，相反地，二者紧密联系。所以，经验与神经过程显然相互联系，借此断言经验仅仅是神经的过程，似乎并不显得唐突。但是，皮尔凯恩指出，经验与机械的神经生理过程不能够同一[①]。

个中的缘由何在呢？皮尔凯恩给出了他的说明。原来，按照现代神经科学的研究，意识当然与人的大脑和神经系统有关，或者更一般说，意识与人的身体有关。例如，神经科学家一般假定，一个物理系统（由相互作用的某些组分构成）是有意识的。简而言之，大脑中的神经细胞以某种特定的方式组织起来，使得解剖区域（anatomical regions）以复杂的方式相互联系，其不仅通过电子的动作电位传递信息，而且还有更微妙的方式，诸如化学通路的传输。由此，大多数的意识理论通过神经的行为和联系得以阐述[②]。但是，一旦如此的话，就不得不面对另一个关键问题——物理组成部分之间的相互机械作用，为什么会生成意识呢？

皮尔凯恩认为，这一关键问题正是困难的症结所在。对此，他从以下两个方面解释说：

一方面，在解释意识时人们之所以青睐"机械论"，是因为大多数的意识的神经理论（从物理的角度看）仅仅诉诸所谓的经典物理学的层次，而经典物理学显然属于机械论的范畴。所以，人们一般认为，在神经科学领域中，凭借

---

① Paavo T.I.Pylkkänen. Mind, Matter and the Implicate Order[M]. Berlin：Springer, 2007：4-5.
② Paavo T.I.Pylkkänen. Mind, Matter and the Implicate Order[M]. Berlin：Springer, 2007：5.

物理学的基本原理来说明意识时，只需将遵循经典物理学规律的神经过程应用于意识的说明。有鉴于此，人们一般采取的做法是，设计一个神经细胞所构成的大型网络，其中神经细胞执行着机械的行为，意识由该网络而生成。但是，如此一来，就引发了一个不可回避的新问题：大脑中某些物质的机械行为如何能够生成意识，而同时又不打破经典物理规律？正如皮尔凯恩指出，这类问题事实上也就是当代心智哲学中所谓的"意识的难题"（the hard problem of consciousness）[1]。

另一方面，皮尔凯恩认为，物理学所处理的一般事物类型极为庞杂，涉及空间、时间、运动和因果关系等，换言之，其几乎与任何事物相关，当然也包括心智。所以，物理学有助于我们更好地理解这些一般观念，一旦我们转变了常规的物理学观念，我们将收获一个新的世界观。通过新的世界观，我们能够重新思考关于心智和物质的更为深入的问题，这类心智哲学的问题与心智的因果力量密切相关。心智显然与物质迥然不同，很明显我们的心理状态影响我们身体的行为。我们如何理解这一影响的意义呢？对皮尔凯恩而言，这事实上就是我们所要解决的心理因果性的难题：我们难以发展一致的物质的观念，同时我们又困惑于心智的本质，难以参透心智与物质之间的关系[2]。

所以，基于皮尔凯恩的上述观点，为了解决心物关系这一难题，我们目前更为理性的选择或许是在更为广阔的视野中重新审视物质和心智的本质。显然，这一宽广视野的逻辑起点即是反思我们心物观的物理学基础。我们知道，经典物理学在某些物理世界的领域并不能给出正确的预测，因此不能视为关于整体物质（人类目前所知道的）的充足理论。这不由地引发我们产生疑问：居于心智和物质关系核心的物理过程是否超越了经典物理学的领域呢？

（二）非机械论的心物观

一般而言，一个给定的物理学理论预设了一种关于物理世界的一般结构。因此，可以说，牛顿的经典物理学契合着一种原子的结构和"宇宙即机器"的理念。然而，量子力学理论认为，尽管宇宙包含有机械的亚领域（sub-domain），但宇宙的其他一些结构似乎更为基本。例如，经典物理理论一般强调"部分"的首要性，即强调宇宙是由其"部分"构成的；量子物理学理论则强调"整体"的首要性，反而将"部分"看作是派生的。所以，正如皮尔凯恩指出的，物理

---

[1] Paavo T.I.Pylkkänen. Mind, Matter and the Implicate Order[M]. Berlin: Springer, 2007: 6-7.
[2] Paavo T.I.Pylkkänen. Mind, Matter and the Implicate Order[M]. Berlin: Springer, 2007: 8.

学不仅要关注自然的被分割的层次，而且要关注自然的整体结构，从而找到了一条重要的整合途径，即将量子物理学和心智的理解联系起来①。

尽管目前量子物理学还未能提供一个普遍接受的、一致的、实在的新观念。但是，基于量子理论的原理，玻姆在量子层次上给出了一个关于实在的描述，借此为我们提供一个关于物质、生命和意识的统一描述，从而为重新审视心物之间的关系提供了一个非机械论的新视角②。换言之，通过玻姆这一思想的三个层面的解析，我们试图构建一个的非机械论的心物观。首先，考虑量子理论的本体论解释何以能够拓展隐缠序框架，以便得出更好的心物理论。其次，提出隐缠序的观念（其被应用于物质），并且考虑隐缠序如何应用于心智研究。最后，考虑到隐缠序的框架需要被拓展（extended），以便能够更好地理解心物之间的关系，引入了"体－义"观念（soma-significance），从而达到拓展之目的。下面我们从这三个层面详述之。

1. 从本体论解释到隐缠序

在玻姆看来，为了能够更好地理解心智和物质之间的关系，人们应该将本体论的解释拓展到隐缠序观念。

我们知道，按照量子理论的解释，个体的量子系统总是体现出粒子和场这两方面的属性。而且，场的属性影响着粒子的属性，场生成了一种潜能，从中人们能够计算施加于粒子的力。当存在持续运动的、被力所驱策的粒子时，所有的这些看上去都非常接近于经典物理学的思想。然而，尽管在玻姆强调本体论的解释时，这一现象有着某些机械论的特征，但是也有一些超出经典物理学范畴的新特征。

皮尔凯恩指出，这事实上并不很奇怪，因为人们直接从薛定谔方程中获得这一本体论的解释。这样一来，人们可能预期量子理论的这些新特征能够延续到本体论的解释中。因为已经有了一个量子理论的本体论的数学解释，我们希冀一个新的、非经典特征的数学描述，以更为生动地刻画世界的某些方面（而不是形式化的特征，其不能完全刻画个中的物理意义）③。有鉴于此，玻姆主张引入一种新的、不具有牛顿物理学特征的本体论解释，而且认为可以通过量子势（the quantum potential）来阐释这一本体论解释。

---

① Paavo T.I.Pylkkänen. Mind, Matter and the Implicate Order[M]. Berlin: Springer, 2007: 11.
② Paavo T.I.Pylkkänen. Mind, Matter and the Implicate Order[M]. Berlin: Springer, 2007: 8.
③ Paavo T.I.Pylkkänen. Mind, Matter and the Implicate Order[M]. Berlin: Springer, 2007: 35.

当人们看到量子势的数学描述时，也许会惊诧于其所见：粒子的场效应竟然仅取决于场的形式。然而，在物理学中其他场的效应一般取决于场的强度。这里面有何意蕴呢？玻姆指出，我们不得不将场理解为蕴含着信息，而该信息有所指示或者给粒子的能量指派形式。由此，我们得到一个新的观念——活跃信息（active information）。"活跃信息"作为一般概念，它指的是某种境遇，在该境遇中一个形式（a form）承载很小的能量，却进入或指向一个大得多的能量。玻姆以"活跃信息"概念为基础，勾画了一个"心物关系新理论"的轮廓。这一新理论的一个关键思想在于，在量子场中信息对基本粒子的作用方式类似于信息在我们主体意识中对身体的作用方式[1]。

由此，我们可以看出，玻姆最终所要达到的目的即是，基于这一本体论的解释，从两个方面推动隐缠序的具体化[2]：

一方面，揭示了显析序如何从隐缠序之中生成。为了阐释显析序如何涌现于隐缠序，玻姆认为引入场论（即电磁场的本体论解释）是颇有助益的。换言之，人们大致可以认为电磁场处于隐缠序。当人们将量子理论的本体论解释应用于电磁场，人们将看到显析序如何生成。

另一方面，提供了有关心智和物质何以关联的更具体的思想。玻姆认为，通过考虑粒子理论即量子粒子的本体论模型，人们能够很容易看到这一点。

2. 隐缠序

20世纪90年代，在《心智和物质关系新论》（*A New Theory of the Relation of Mind and Matter*）一文中，玻姆对隐缠序观念做了一个较为简练的描述[3]：

隐缠序最基本的思想是，整个宇宙以某种方式卷入（enfold）任何事物，每一事物都卷入整个宇宙。这就意味着，以某种方式且在某种程度上，每一事物都卷入每一事物中，或每一事物都隐含着每一事物。然而，事物以如此的形式而发生，以至于在关于通常经验的典型条件下，存在着大量的事物的相对独立性（relative independence of things）。

皮尔凯恩指出，这一思想与经典物质世界的机械论观念（其由伽利略、牛顿等人所发展）相比，显然大异其趣。在这一经典世界观中，人们普遍的做法

---

[1] 转引自：Paavo T.I.Pylkkänen.Mind, Matter and the Implicate Order[M]. Berlin：Springer，2007：35.
[2] 转引自：Paavo T.I.Pylkkänen.Mind, Matter and the Implicate Order[M]. Berlin：Springer，2007：33.
[3] David Bohm. A new theory of the relationship of mind and matter[J]. Philos.Psych,1990, (3): 273.

是，将地球和人类仅仅视为浩渺宇宙中的一粒尘埃，其由严格的机械论规律所统治。与此不同，玻姆所提出的量子场论解释试图表明：在部分和整体之间不仅存在着外在的关系，而且存在着更为基本的内在的关系，同时通过与整体的关系，这种更为基本的内在关系也存在于部分与部分之间。很明显地，这将引入一个更加新颖的方式来思索人类在宇宙中所处的地位[1]。

上述新理念当然也深刻地影响着心智科学的研究。皮尔凯恩指出，事实上在传统的认知科学中存在着一种倾向：将人体视为一个通过感觉输入来接收信息的机器，其在存储于大脑的算法的帮助下对这些信息进行处理，以便能够利用这些信息在物理世界中有所行为。人们进而认为这一切都是通过机械形式而发生的，同时假定环境、信息和心脑之间存在着基本的外在联系。这样，人类一般被看作机器，而且该机器之于世界其他部分的卷展关系（the enfoldment relationship）是消极的和表面的，还远不能影响机器的内在本质[2]。然而，正如玻姆所指出的，部分和整体之间的卷展关系并非是消极的和肤浅的，相反地，卷展关系对每个事物都是积极的和本质的，这意味着每一事物都与整体内在地相联系，从而也就与其他的任何事物内在地相联系[3]。

另外，皮尔凯恩指出，由人类的通常经验可知，事物之间也存在着外在的关系。在玻姆的理论体系中，这一外在的关系以卷展的或显析的秩序而重新得以配置。很明显，我们的意识经验也有一个显析序主导的领域。在显析序中，每个事物都被看作相对独立的和延展的（extended），而且与其他事物外在地相联系。显析序不仅主导着一般的日常经验，而且主导着经典的牛顿物理，因而看上去是自足的（stand by itself）。但是，玻姆指出，离开其所植根的隐缠序的元实在（primary reality），我们就无法正确地理解显析序。

上述观点不容小觑，原因在于，基于经典机械论物理学的世界图景，人们一直以来都假定——显析序是物理宇宙所有呈现的全部。然而，玻姆却不赞同这一点。他认为，量子理论和相对论表明，显析序仅仅是一个相对自主的秩序（a relatively autonomous order），其植根于更为基础的隐缠序。此外，隐缠序不是静态的，在本质上其反而是动态的，处于不停的变化和发展之中。这就是缘何我们称它的最基本形式为完整运动（holomovement）。对于这一观念，玻姆解释说[4]：

---

[1] Paavo T.I.Pylkkänen. Mind, Matter and the Implicate Order [M].Berlin：Springer,2007：21.
[2] Paavo T.I.Pylkkänen. Mind, Matter and the Implicate Order [M].Berlin：Springer,2007：22.
[3] Paavo T.I.Pylkkänen. Mind, Matter and the Implicate Order [M].Berlin：Springer,2007：23.
[4] Paavo T.I.Pylkkänen. Mind, Matter and the Implicate Order [M].Berlin：Springer, 2007：24.

在展出的显析序中所发现的所有事物,都涌现自完整运动中,其间这些事物作为潜能而得以展出,并最终返回完整运动。它们仅能持续一段时间,在此期间,它们的存在维系于不停地展出(unfoldment)和重新卷入(re-enfoldment)的持续过程,同时它们在显析序中相对稳定和独立的形式也是由此过程而生成的。

值得注意的是,按照玻姆的观点,隐缠序观念在展出到生物的和心理的现象之时,我们能够得出一个预设,其不仅涉及物理的存在,而且涉及(作为整体的)存在的一般结构。所以,隐缠序能够更为明显和直接地应用于心智,而非物质。换言之,在心智中存在着短暂思想、感觉、意愿和念头的恒流(a constant flow),它们相互之间流入流出,且在某种意义上相互卷入。

此意义上的恒流,事实上即是所谓的"意识流"(stream of consciousness)。玻姆特别关注于在意识流中起主导作用的秩序。如果人们假定在心智中仅仅是显析序居于主导地位,则人们很自然地可以认为,思想、感觉和意愿等是某种处于机械互动中的分割的实体。在某种程度上,凭借这类实体,人们足以分析心智。然而,玻姆认为,这种分析的应用领域是有限的。例如,我们思想相互间流入流出,这意味着这种类型的卷入卷出是发生在意识流中的主要过程。这也就是说,隐缠序作为主导秩序,是关于思想、感觉、意愿和念头等的主导秩序[①]。

3. 从隐缠序到"体-义"理论

值得注意的是,玻姆承认隐缠序理论并不能为人们提供一个观念,以阐明心理的层面和物质的层面是如何相关联的。所以,如果人们要想更融洽地解决心智和物质之间的问题,有必要拓展隐缠序的框架。为了进行这一拓展工作,玻姆引入了一个理论观念,即所谓的"体-义"理论。这一理论试图将物质和意义相互关联,而且一旦人们假定意义和心理是重叠的概念,该理论也应该有助于将心智和物质相互关联。

在玻姆看来,"体-义"理论的基本思想是,物质和意义不是相互割裂的实体,而是一个整体实在的方方面面。由此,玻姆指出,每个特定的意义总是基于一些身体的秩序、配置、联系和不可分割元素的组织体。但是,玻姆进一步假设,按照当代认知神经科学理论,即便心智中的意义也是基于大脑中较为微妙层次的身体秩序(somatic order)的。他由此指出,为方便起见,实在(严格

[①] Paavo T.I.Pylkkänen. Mind, Matter and the Implicate Order [M]. Berlin: Springer, 2007: 27-28.

地说其是一个不可分割的整体）能够被视为由相对自主的层次所构成，从而形成一个层级结构，包含外显的层次以及较为隐晦的层次，每个层次都包含身体的方面和意义的方面。为思考层次之间的关系，我们可以借助一个双向的过程，即"体－义"(soma-significant)过程和"义－体"（signa-somatic）过程[①]。

　　这里"体－义"过程是指，一个特定的身体秩序被提升到较高的层次，导致了意识之中的关于意义的理解。相对"体－义"过程而言，"义－体"过程则是一个反转的过程，在此过程中被领悟的意义对这些层次施加一个下向的作用，并起到组织那些不太微妙层次的作用。显然，这特别地类似于隐缠序框架之中的卷入（enfoldmen）和展出（unfoldment）等概念。在"体－义"过程中，信息从世界汇集并卷出，且这一展出的信息延续到较高层次，在那里其意义得以领悟。在其被领悟的同时，信息的意义也就被展出了，而且，一旦信息的意义被展出，其就能对较低层次施加影响，于是这也就演变成"义－体"过程。

　　然而，"体－义"理论有何作用呢？类似于隐缠序，"体－义"概念是一个总体的架构，而非一个详尽的理论。尽管如此，在试图解决"心智－自在之物问题"时，这一概念很有用。何以见得呢？由于意义显然是心理的一个重要方面，所以"体－义"概念能够提供一个有关如何理解心物关系的总体建议：物质和意义并非割裂的实体，而是一个统一实在的不同的方面，这些不同的方面存在于实在的每一层次；倘要理解心理事物和物理事物之间的关系，关键是理解物质和意义之间的关系，即物质一般是有意义的，其影响了我们的心智，但是，我们心智所领悟的意义至关重要，其能够使"体"发生重大变化[②]。对此，我们可通过以下三个方面详细展开论述：

　　首先，在思考心智与物质的关系时，"体－义"观念对我们能够有所助益。物质对应于更为显性的（manifest）层次，但是，我们还要同时假定，物质不是纯物理的，而总是有其"意义"的方面，在此意义上也就是说，物质总是有其"心理"的方面，尽管这可能是相当朴素的心理方面。另一方面，心智对应于更为微妙的层次，但是，类似地，心智不是纯心理的，而总是有其"物理"的方面，尽管这可能是非常微妙的方面。如前文所述，玻姆假定，每一层次总是既有"体"的方面（somatic aspects），又有"义"的方面（significant aspects）。于是，理解各个方面之间的关系就成为可能。如此一来，我们可以假想在心智和身体之间存在着一条"双车道"，也就是说，身体中的物理过程通过"体－义"

[①] Paavo T.I.Pylkkänen. Mind, Matter and the Implicate Order [M]. Berlin：Springer, 2007：29.
[②] Paavo T.I.Pylkkänen.Mind, Matter and the Implicate Order [M].Berlin：Springer,2007：31.

过程（体一般是有意义的，这一事实使得该过程可能且必要）对心智施以影响，而心智中的心理过程通过"义－体"过程（意义通过组织较低层次而使之产生变化，这一事实同样使得该过程可能且必要）对身体施以影响。不存在纯物质或纯心理的任何事物，所以也就取消了心智哲学中的一些传统问题，诸如，"纯心理的"心智如何能够影响"纯物理的"身体等问题[①]。

有鉴于此，玻姆并不认同科学和哲学传统关于意义的假定——意义是消极的、抽象的和分割的实体，相反地，他认为"意义"的方面与"体"的方面不可分割，即"体"是"意义"的根基，而"意义"则是"体"的组织者[②]。同时，玻姆认为，心智和物质作为一个潜在实在的两个方面，可以被视为人们审视潜在实在的两种方式。需要指出的是，这一观点所蕴含的思想并非玻姆独创，其渊源可上溯至亚里士多德、斯宾诺莎和罗素（B. Russell）等。

其次，凭借"体－义"观念，实在可以在层次之上得以分析，各层次之间因具有的微妙性（subtlety）而具有差异，共同形成了分层结构。每一层次既有物理方面，又有心理方面，这使得层次间的双向运动成为可能。这样，在某种意义上层次之间相互地卷入和展出，而隐缠序在其中起着主导作用[③]。

最后，在"体－义"观念中，意义起到了一种关键的作用。在心智和自在之物之间的关系中，存在着一个最微妙的概念，即关于"秩序"的概念，其与"意义"的概念密切相关。或者说，心物之意义是用"秩序"来表达的。对"秩序"框架的分析，必然导致对"意义"的探究，玻姆因而引入了"体－义"概念。在玻姆研究进路的终极解释中，意义是我们无法绕过的一个关键词。

总而言之，以上论述的主要目的在于为我们较为清晰地阐明：隐缠序如何通过"义－体"过程影响"显析序"，以及"显析序"如何通过"体－义"过程影响"隐缠序"，其中"隐缠序"被看作与更微妙的层次相联系，而"显析序"则被看作对应于更为显性的层次。这样，从"本体论的解释"到"隐缠序"的概念，再到"体－义"的概念，玻姆的思想为我们提供了一个非机械论的心物观，从而确立了物质和意识之间的新关系。

---

① Paavo T.I.Pylkkänen.Mind, Matter and the Implicate Order [M].Berlin：Springer,2007：30-31.
② Paavo T.I.Pylkkänen.Mind, Matter and the Implicate Order [M].Berlin：Springer,2007：37.
③ Paavo T.I.Pylkkänen.Mind, Matter and the Implicate Order [M].Berlin：Springer,2007：38.

第二节　方法论的嬗变：从"结构"到"动力学"

从"心智机械论进路"到"心智非机械论进路"，这一转向的背后隐藏着一个方法论上的嬗变——从"结构方法"转向"动力学方法"。这一嬗变的深层次内涵何在呢？从罗伯特·理查德森（Robert C. Richardson）对经典结构思想的批判之中，我们可以寻觅一些蛛丝马迹。

理查德森指出，借助低层次所描述和激发的机制，还原主义试图寻觅较高层次现象的说明，当然这些高层次的现象是有所选择的[①]。然而，正是这种还原策略的误用，使得人们过分地追求较低层次说明的充分性，而忽视了更为重要的整体说明的充分性。在科学实践中，人们构想了许多较低层次的模型和理论，但是，不理解这仅仅是我们要追问的事物一个方面。最终，在还原主义背景下，人们误判了科学理论层次之间的关系、科学理论及其模型之间关系等。

事实上，人们在应用还原策略时，引入了多层次的因果参数，从而能够构建统一的理论，即利用较低层次的机制去说明那些有意义的较高层次的现象，而不是经典还原模型所描述的任何事物。但是，这一涉及多层次因果参数的理论体系与结构观念密切相关。所以，我们得出的一个关键思想即是我们不是在结构的层面上阐述所谓的理论的层次间的关系的，而是在动力学层面上为之，并且动力学层面阐述的推动力，不是源于形而上学的需求，而是源于说明的需求[②]。

此外，理查德森认为，一个类似的观点也表明了还原主义的失败。在某些案例中，我们能够找到理论无法说明的反常现象，但是，我们凭借理论和模型，通过转向更高的层次，反常能够得以说明。也就是说，通过嵌入更广阔的语境，我们能够说明现象。这推动着我们从方法论上从结构观念导向动力学观念。

为佐证上述思想，我们进行了一个相关的案例研究。在《表征的再思索》（*Representation Reconsidered*）一书中，拉姆塞指出，表征是心智科学中最重要的说明性观念，可以看作是所谓的"认知革命"的基石。同时，他认为这种表征观念的应用范畴只能局限于经典的认知计算理论，而不能沿用于认知神经科

[①] Robert C.Richardson. Reduction without the structures[A].In: Maurice Schouten, Huib Looren de Jong. The Matter of the Mind: Philosophical Essays on Psychology, Neuroscience, and Reduction[C].Malden,Oxford: Blackwell Publishing Ltd, 2007: 136.

[②] Robert C.Richardson. Reduction without the structures[A].In: Maurice Schouten, Huib Looren de Jong. The Matter of the Mind: Philosophical Essays on Psychology, Neuroscience, and Reduction[C].Malden,Oxford: Blackwell Publishing Ltd, 2007: 138.

学、认知行为学等新兴的认知理论，据此他得出结论：认知理论的研究正经历一个非表征的转向。

拉姆塞对表征的论述给人以新的启迪，他特别指出：在强调内容的过程中，我们不能忽视表征如何发挥表征的作用，关于内容的理论不能替代关于表征的理论[①]。然而，通过分析拉姆塞所谓的"表征"，我们发现"表征"之所以发挥表征的作用，"结构"的保有发挥着非常关键的作用，换言之，我们是在"结构"的层面描述"表征"如何发挥表征的作用的，由此，我们可以将拉姆塞观点推向深入。

在我们看来，在认知系统的研究中，人们强调功能方面的同时，一般基于还原主义，在结构的层面对认知系统加以分析，即人们将拉姆塞的表征观念（或与之类似的观念）应用于心智的机械化说明。然而，在新兴的认知神经科学等认知研究领域中，这种表征观念已不再适用，认知理论的研究经历了一个从"表征观念"向"非表征观念"的转向，与此同时，在方法论层面我们同时经历了一个转向，即从"结构的层面"转向"动力学的层面"。

一、经典的结构观念

20世纪60年代初，恩斯特·耐格尔（Ernest Nagel）出版了《科学的结构》一书，之后不久，另一位科学哲学界的巨擘托马斯·库恩（Thomas Kuhn）出版了令其声名鹊起的著作《科学革命的结构》。人们一般强调二人观念之间的差异，认为二者分别代表了科学哲学界两种不同的趋势。毋庸讳言，在科学的发展观的理解方面，二者当然存在分歧；对于如何理解理论之间的关系，二者也存在差异。但是，无可争议的是，这两部划时代的著作共同确立了科学理论的经典结构观念。

在理查德森看来，尽管耐格尔和库恩的观念有如此多的差异，但是，二者在结构观念上却存在着一定共性。对此，理查德森解释说：二者的观念都兴起于实证主义的传统，都提供了各自的科学的愿景；二者都认识到了还原在科学中的重要性。最重要的是，二者都以理论结构的一般观念为基础，而且都凭借理论的结构观念来理解科学；理论被视为由公理组织起来的结构体系，而说明则被视为在这一结构体系内部的还原[②]。

[①] William M Ramsey.Representation Reconsidered[M].Cambridge,New York：Cambridge University Press, 2007：xii.
[②] Robert C.Richardson. Reduction without the structures[A].In：Maurice Schouten, Huib Looren de Jong. The Matter of the Mind：Philosophical Essays on Psychology, Neuroscience, and Reduction[C].Malden, Oxford：Blackwell Publishing Ltd, 2007：123.

因而，理查德森提醒我们：在关注二者结构观念的差异之时，也不能忽视二者的共性之处，即二者的结构观念中都蕴涵着还原主义思想，故而"共享着"还原主义带来的缺陷。事实上，就某种角度而言，可以说二者所面对的困境很大程度上源自于晚近的还原观念（或者称之为还原主义）。在对还原的处理上，尽管人们做出了相当程度的完善和调整，但是，自从经典的结构观念确立以来，还原思想的核心部分仍然一以贯之[①]。

基于库恩和耐格尔的经典结构观念，我们获得了关于还原的一般理念：通过演绎的逻辑结构，人们可以理解还原，而且这样的理解能够突破社会和个体认知的局限性。因为结构观念将还原视为理论层次间的说明关系，而理论则被视为形式的结构，这就意味着理论说明是一个演绎的关系。而且，究其本质，还原的目的即是为了两个方面的简化：一方面体现于本体论的承诺之上；另一方面体现于基本说明原理之上[②]。

更为关键的是，还原的一般理念使我们获得了理论的层级结构，而该层级结构能被最低层次的理论所统一，同时较高层次的规律也能被还原为这一最低层次的理论，即使仅仅是在原则上。例如，我们可以建立一个较高层次的理论，得出一些较高层次的规律，或者获得一些现象的规则（phenomenological regularities），描述一些较高层次的实体行为。当然，我们也可以建立一个较低层次的理论。

此外，理查德森指出，一般而言，要获得上述两个层次理论的统一，依赖于以下三个条件[③]：

条件一，必须提出组合同一性（compositional identities），其指明了被还原层次中的哪些实体构成了还原层次的领域。

条件二，必须提出类型同一性（type identities），通过还原实体的特性，其指明了被还原实体的特性。

条件三，第二层次的科学规律或现象规则必须在第一层次中获得说明。

[①] Robert C.Richardson. Reduction without the structures[A].In: Maurice Schouten, Huib Looren de Jong. The Matter of the Mind: Philosophical Essays on Psychology, Neuroscience, and Reduction[C].Malden, Oxford: Blackwell Publishing Ltd, 2007: 124.

[②] Robert C.Richardson. Reduction without the structures[A].In: Maurice Schouten, Huib Looren de Jong. The Matter of the Mind: Philosophical Essays on Psychology, Neuroscience, and Reduction[C].Malden, Oxford: Blackwell Publishing Ltd, 2007: 126.

[③] Robert C.Richardson. Reduction without the structures[A].In: Maurice Schouten, Huib Looren de Jong. The Matter of the Mind: Philosophical Essays on Psychology, Neuroscience, and Reduction[C].Malden, Oxford: Blackwell Publishing Ltd, 2007: 126-127.

事实上，这三个条件都能在耐格尔和库恩的结构观念中找到影子，而且其中的第三条件（被称之为规律的统一）被认为预设了第一条件和第二条件的实现，因而其被称为"语言的统一"。

正如在评估某人所言真假与否之前，必须要理解其语言。第二层次的科学规律在能够被原初层次规律说明之前，其必须要重新得以阐述。这种依赖性引导着我们关注于语言的统一性论题，特别是"组合身份"和"桥接原理"（bridge laws），它们是理解还原所必需的。但是，令人感到遗憾的是，人们往往忽略了第三个条件所施加的实质性的限制，即仅仅在层次之间的翻译很难保证还原性，因为这并不能保证较低层次原理的充分性①，换言之，当第二层次理论的实验规律显现为原初层次科学理论所预设的逻辑结果时，还原才是有效的。

由此可知，说明的步骤本质上依赖于"桥接原理"，于是还原通过结构而得以定义，理论被设想为公理的体系，说明则成为公理系统（axiomatic system）的推衍。这也就意味着，还原主义事实上承诺了这样的一个思想：某一规律可以描述较高层次的理论或者至少较为充分的较高层次理论；而且基于较低层次的理论，这一规律能够得以说明。所以，理论一般被当作以演绎的方式组织起来的系统；规律不受限制，放之四海而皆准②。

值得指出的是，理查德森很欣赏沙夫纳（Kenneth Schaffner）和比克尔（John Bickle）的结构模型思想，认为二者殊途同归，都恰当地诠释了上述的经典结构观念。

沙夫纳通过其结构模型，精心地构思了一个非常全面的处理方式，试图在形式的框架内统一结构概念，旨在整合各种不同的还原路径，从而在更宽广领域保持结构的路线，极大地拓展其应用范围。理查德森之所以引用沙夫纳的模型，并非是为了评价这一模型，而是为了强调"结构描述"（structural renderings）所能够获得的能力和处理范围。在理查德森看来，沙夫纳所描绘的是一个双层的模型（two-tiered model）。在模型的层次之间，人们可以通过传统方式来理解说明的关系。譬如，一个较低层次的描述可以说明在更高层次被"捕捉"的事物之行为。另外，在相同层次的描述之间，我们至少期待某种类比或结构的类似性。所以，层次之间的还原仍然是一个层次之间的说明（演绎）

---

①② Robert C.Richardson. Reduction without the structures[A].In: Maurice Schouten, Huib Looren de Jong. The Matter of the Mind: Philosophical Essays on Psychology, Neuroscience, and Reduction[C].Malden, Oxford: Blackwell Publishing Ltd, 2007: 127.

关系，尽管并不要求"解释"与"要解释的现象"之间确切的匹配①。

另外，比克尔采用了一个略微不同的路径来刻画这一现象，却有异曲同工之效。比克尔的观念至少在三个方面类似于沙夫纳的观念②：首先，比克尔也认识到，还原理论和被还原理论有时并不能够成功匹配。但是，吸收来自科学哲学的成果，特别是欧洲"结构主义"关于语义的观念，比克尔还是试图说服我们，还原是活生生的，即便在认知神经科学中也是如此。其次，比克尔声称，在较低层次派生了一些结论，这些结论可以与初始事物相类比。最后，基于前两个条件，比克尔指出，成功还原的所必备条件不是消去（eliminations），而是对结构的保有。

然则，我们想知道，人们为何如此钟爱还原的结构观念呢？原来，这与人们固有的一种分层架构观念有着莫大的关系。在这种分层架构观念影响下，人们一般认为：大自然是以分层架构组织起来的。借用西蒙（Herbert Simon）的复杂性架构观念，理查德森概括了这一分层架构的思想：

一方面，尽管并非所有的系统都展示了有意义的分层结构形式，但是确有许多事物是以分层形式组织起来的。借由不可区分的功能，这类分层系统由相互关联的亚系统（subsystems）所构成，从而展示了某种程度的分层秩序，其主要特征体现于亚系统之间相互作用的强度，而不是亚系统内部相互作用的强度。但是，随着亚系统之间相互作用的增强，亚系统内部互动的意义则有所削弱，反之亦然。所以，在相对简单的层级结构中，相较于亚系统之间的互相作用，存在着相对更高强度的亚系统内部的相互作用，而且这类系统基本上是可分解的③。

另一方面，至少某些种类的分层系统可近似地看作可分解的系统，这里有两个原因：一是在一个基本上可分解的系统中，每一个亚系统组分的短期行为基本上独立于其他组分的短期行为；二是从长远来看，任何组分的行为仅仅在

---

① Robert C.Richardson. Reduction without the structures[A].In: Maurice Schouten, Huib Looren de Jong. The Matter of the Mind: Philosophical Essays on Psychology, Neuroscience, and Reduction[C].Malden, Oxford: Blackwell Publishing Ltd, 2007: 129.
② Robert C.Richardson. Reduction without the structures[A].In: Maurice Schouten, Huib Looren de Jong. The Matter of the Mind: Philosophical Essays on Psychology, Neuroscience, and Reduction[C].Malden, Oxford: Blackwell Publishing Ltd, 2007: 130.
③ Robert C.Richardson. Reduction without the structures[A].In: Maurice Schouten, Huib Looren de Jong.The Matter of the Mind: Philosophical Essays on Psychology, Neuroscience, and Reduction[C].Malden, Oxford: Blackwell Publishing Ltd, 2007: 124.

整体行为层面上依赖于其他组分的行为①。

当然，理查德森同时提醒我们不要忽视事物的另一个侧面：组织体也可以是层级结构的，且不必是可分解的。但是，当其是可分解的，则适用于一种自然类型的秩序。在一些可分解的例子中，人们一般采用的策略是，将组分行为当作系统行为之缩影，无论是长期行为，还是短期行为。某一组分的行为相对地独立于其他组分的行为，无论是在较长的时间尺度，还是在较短的时间尺度。在另外一些不可分解的例子中，则是另一番情景：在那些不可分解系统中，一个组分的行为严格地依赖于其他组分的行为。理查德森认为，对于这些例子，有理由视之为关于"涌现"的例子，而且这里的"涌现"没有任何神秘性可言②。

由此，按照理查德森的观念，无论在可分解的案例中，还是在不可分解的案例中，我们都可以坚持一种分层的组织体架构的概念。这意味着，倘若我们的理论要反映我们在自然界所发现的结构，这些理论也必须要以分层架构而组织起来。无论我们如何确切地个体化（individuate）这些层次，在世界中还是存在着多层次的组织体。例如，社会群体由个体生物构成，个体生物包含着不尽相同的器官系统，这些器官包含着特定的细胞，细胞也含有部分，而且这些部分还包含着部分。这种分解能够一直持续到越来越简单的实体。而且，这一秩序还能够反转，至少原则上如此。倘若假想整体被分解为其组成部分，有一种倾向认为，要进行的所有说明工作都能在较低的层次取得。如果我们能在任一层次来理解实体的行为，而且，在给定语境下，较为复杂的研究对象倘若包含较为简单的实体，则较为复杂的研究对象的行为一定是较简单组分行为的函数。在某些例子中，如果给定了复合体的组分的行为，我们事实上能够通过计算的方法来决定复合体的行为；而在另外一些例子中，即使给定了某些组分的行为，我们实际上也做不到这一点（即通过计算的方法来决定复合体的行为），原因在于，我们无法应付计算的复杂性问题③。

尽管遭遇了上述种种难题，人们还是禁不住认为，如果更高层次的实体完全是由较低层次描述的实体所组成的，如果这些较简单实体能够为较低层次量

---

①② Robert C.Richardson. Reduction without the structures[A].In：Maurice Schouten, Huib Looren de Jong.The Matter of the Mind：Philosophical Essays on Psychology, Neuroscience, and Reduction[C].Malden, Oxford：Blackwell Publishing Ltd, 2007：124.

③ Robert C.Richardson. Reduction without the structures[A].In：Maurice Schouten, Huib Looren de Jong.The Matter of the Mind：Philosophical Essays on Psychology, Neuroscience, and Reduction[C].Malden, Oxford：Blackwell Publishing Ltd,2007：125.

身定做的理论所刻画，则较高层次的行为一定依赖于较低层次上的实体的行为。同样，我们还无法抗拒另一种想法的诱惑：在较低层次上充分的理论，原则上在较高层次上应该也是充分的。

在有些人看来，由身体或复杂互动所引出的许多问题，似乎仅仅是我们认知能力局限性的结果而已。倘若我们能够突破这些限制，我们似乎就能找到相关的解决方案。所以，倘若我们知道问题的边界条件，借此我们至少能够在原则上计算出解决问题的路径。所以，还原主义看上去还在起着作用。对于这样的想法，理查德森不无同情，但他还是认为其是错误的[①]。

综上所述，按照理查德森的观点，在一个结构的进路中，我们可以凭借较低层次的理论，解释一些较高层次的理论规律。我们对较低层次理论的偏爱，一方面承诺了高层次理论的原则上的不可或缺性，另一方面承诺了理论上的和本体论上的简单性，二者共同构成了哲学上的还原主义。

如果仅仅使用还原的理论，任何被说明的事物都是可说明的，那么被还原理论将不添加任何实质的内容。一旦如此理解还原，理查德森认为，事实上我们也就认可了消去主义，这引发了许多饶有趣味的论题。例如，即使"X"完全由"Y"所构成，很明显这并不能推导出：以"Y"为初始条件，将使得对"X"的说明成为可能。换言之，导致分解是一回事，以较低层次的资源进行建构则是另一回事。结构观念的支持者对此可能回应道，这是一个混淆视听的一个论调，因为凭借充分的计算能力，建构一定是可行的。但是，理查德森认为结构主义者的回应不足为患。他解释说，在自然主义的科学哲学领域中，科学应该在受限制的理性的约束之下行事，而且，人们在建构说明模型（机械模型）时，施以较高层次的约束是至关重要的，所以，由下而上的建构其实乃是一种错觉[②]。

二、结构的消解

对应于系统的分层架构，可以在不同层次上对系统加以描述，从而形成了对系统不同层次的描述。但是，在结构框架中的理论层次之间的所谓还原，实

[①] Robert C.Richardson. Reduction without the structures[A].In：Maurice Schouten, Huib Looren de Jong.The Matter of the Mind：Philosophical Essays on Psychology, Neuroscience, and Reduction[C]. Malden, Oxford：Blackwell Publishing Ltd,2007：125.

[②] Robert C.Richardson. Reduction without the structures[A].In：Maurice Schouten, Huib Looren de Jong. The Matter of the Mind：Philosophical Essays on Psychology, Neuroscience, and Reduction [C]. Malden, Oxford：Blackwell Publishing Ltd, 2007：131.

际上并不成功。一般认为，经典热力学和统计热力学这二者是对理论不同层次的描述，因此，理查德森以它们之间的关系为例，旨在为我们阐明这一观点[①]。

气体被认为是相对非结构化的（unstructured），其展现了较为简单的动力学的形态。正是气体的这一性质凸显了其在理论上的重要作用，通过波义耳－查尔斯定律和盖·吕萨克定律，可以清晰地看到这一点。尽管这些定律所描述的是低密度和中等温度条件下的气体的宏观性质（并且仅仅适用于这一条件下的气体），其还是被视为发挥着统一热力学和牛顿定律的重要作用。事实上，波义耳－查尔斯定律作为核心假设之一，需要一个统一的理论对其加以说明，这就促使人们对案例进行标准的结构处理，这即引出了作为结构处理基础的三个假定[②]：

一是组合同一性（compositional identity）：气体能被视为分子的聚合体，其缺乏任何的内在结构。在19世纪晚期，伯努利（Bernoulli）曾经指出，气体应该被认为是运动分子的聚合物，并曾明确地将这一模型与其后的波义耳定律相联系。但是，直到19世纪中期，在麦克斯韦和玻尔兹曼的影响之下，动能理论方获得主流地位。

二是要素（constituents）：组成气体的分子具有不变的尺寸（constant size），较诸分子之间的距离，其小得可以使人忽略。由于人们强调的是计算的有效性，而非实在论的优点，分子被简单化地处理为质点。虽然这不是气体分子真实的描述，但原理却如此假定。

三是热能（thermal energy）：气体的热能被视为气体分子的动能的集合，而且气体热能的增减被视为导源于分子总体动能的增减，此即所谓的"桥接原理"。在经典案例的结构表征中，这一最后的假定乃是还原的关键。

基于上述假设，对状态方程的说明是相对无关紧要的事情，牛顿的运动规律似乎可以无需变化地应用于分子层次。气体对包裹其的容器壁施加力的作用，由于气体包含着给定数量的分子，而且分子具有确定分子量，所以我们能够计算的仅仅是平均力，相应地产生了伯努利方程（Bernoulli formula）。目前，上述描述与结构的视野很好地相匹配。波义耳－盖·吕萨克定律和伯努利方程至少

[①] Robert C.Richardson. Reduction without the structures[A].In：Maurice Schouten, Huib Looren de Jong. The Matter of the Mind：Philosophical Essays on Psychology, Neuroscience, and Reduction [C]. Malden, Oxford：Blackwell Publishing Ltd, 2007：131.

[②] Robert C.Richardson. Reduction without the structures[A].In：Maurice Schouten, Huib Looren de Jong. The Matter of the Mind：Philosophical Essays on Psychology, Neuroscience, and Reduction [C]. Malden, Oxford：Blackwell Publishing Ltd, 2007：134-135.

阐明了这样一个思想，即形式上的结果相似性是存在的[①]。

理查德森认为，从历史上看，真实的情况恰恰相悖于上述的"结构观念"，也就是说，统一热力学和牛顿定律的推动力并非源自于这一意图——以牛顿物理学来说明热动力学或从牛顿物理学中衍生出热动力学规律；而本体论的经济性方面的考虑更是一个不靠谱的论调，不足为虑。事实上，一个真正的目的似乎是，想要将热力学"嵌入"（situate）牛顿理论中。通过表明气体的规律与牛顿理论的视野是一致的，其中气体分子被认为是牛顿的质点，这一目的也就达到了[②]。但是，如此展示的一致性有一个致命的缺陷，即不能从分子的动力学中推演出气体规律。事实上，也没有人打算这么做，因为这样的尝试在计算上是无法实现的。另一个真正的目的是，需要说明热能与其他能量的互相转换。但是，若没有对这一问题予以严肃的重塑，这种说明可能无法做到。

所以，鉴于物理学原理仅仅被简单地予以整合，而没有给予任何修正，还是存在着不对称。或许更为根本的说法是：气体的行为是一个群体性的行为，因此，气体规律是一种非还原统计的（irreducibly statistical）说明，而不是从牛顿第一定律中衍生出来的[③]。

总之，在结构概念的描述中，借由理论结构和演绎关系，人们能够对某一组织体进行统一的分析，即较高层次理论描述能够还原为较低层次的理论描述，但是，这类组织体层次之间的扁平化的还原，事实上是错误的。原因在于，当每个层次有新的现象和特性涌现时，则需要与该水平相适应的规律和原理，换言之，基于隐含的物理学基础，复杂涌现于等级结构的较高层次，致使涌现的行为不能够还原为任何较低层次的描述。基于理查德森的思想，我们至少可以得出以下几点启示[④]：

第一，组织体的较高层次并非能独善其身而不受影响，较低层次也是如此。换言之，我们一般遇到的过程，是一个层次间相互交织的画面。约束可能既来自组织体的较高层次，又来自组织体的较低层次。正如西蒙所指出的，过程通常在不同的时间尺度上（temporal scales）运作。

---

① Robert C.Richardson. Reduction without the structures[A].In：Maurice Schouten, Huib Looren de Jong.The Matter of the Mind：Philosophical Essays on Psychology, Neuroscience, and Reduction[C]. Malden, Oxford：Blackwell Publishing Ltd, 2007：135.
②③ Robert C.Richardson. Reduction without the structures[A].In：Maurice Schouten, Huib Looren de Jong.The Matter of the Mind：Philosophical Essays on Psychology, Neuroscience, and Reduction[C].Malden, Oxford：Blackwell Publishing Ltd, 2007：135-136.
④ Robert C.Richardson. Reduction without the structures[A].In：Maurice Schouten, Huib Looren de Jong. The Matter of the Mind：Philosophical Essays on Psychology, Neuroscience, and Reduction[C]. Malden, Oxford：Blackwell Publishing Ltd, 2007：140-141.

第二，有一个关键的规则，就是只需说明已发生的任何事物，而不必解释那些并未发生的事物。而且，不必要重复解释任何事物，因为我们在重复说明事物的过程中并未获得任何说明的益处。为了解释在较高层次未能说明的事物，我们转向较低的层次。同理，为了说明在较低层次未能说明的事物，我们转向较高的层次。也就是说，在较低层次能够以机械论特征加以描绘，而在较高的层次则展现了某些整体论的特征，正如麦克唐纳（Cynthia Macdonald）等所言[①]：

> 整体论将自然对象视为整体，其将自然看作由孤立的（discrete）物体所构成，其不能完全消融为部分，且其大于自身部分的和，若机械地将其部分"捆绑"在一起，则不能成为自我，或者阐明自身的特征和行为。

第三，在一个动力学的模型中，我们不仅关注于理论，而且关注于试验的方法；不仅关注于一些显著的现象，而且关注于模型的发展和修正，以及研究的语境。考虑到研究对象的复杂性，这样的动力学模型可能更为引人入胜。某些活生生的现象处于某一时间尺度上，对于该时间尺度，我们需要在组织体的一个层次上对其进行说明。

需要指出的是，理查德森建议以一个标准的描述（portrayal）作为讨论的起点。当然，他这么做并不是意图表明这一标准的描述是正确的，尽管其当然与某些科学产生了共鸣。相反地，他确信，在许多方面上标准的描述是错误的[②]。例如，理查德森认为，对于许多重要的细微差异，结构主义者可能会视之为无关紧要的事物，因为结构主义者谋划将标准的描述当作某种理性的重构。但是，正如"知识的说明规则与知识的实际产生情形，这二者是两码事"，这种结构主义的理性重构与现实的差距，又岂在毫厘之间？

三、动力学关系的确立

我们知道，还原的一般策略是，凭借较低层次所激发的机械的描述，寻求对被选择的较高层次现象的说明。但是，在上述热力学的案例中，这一还原的策略却遇到了问题。我们发现，任何形式的热能都可以转化成动能，换言之，动能事实上成为一种最基本形式的热能，于是各种形式的热能之间的转化成为

[①] Cynthia Macdonald, Graham Macdonald.Emergence and downward causation[A].In Cynthia Macdonald, Graham Macdonald. Emergence in Mind[C].Oxford,New York：Oxford University Press, 2010：141.
[②] Robert C.Richardson. Reduction without the structures[A].In：Maurice Schouten, Huib Looren de Jong.The Matter of the Mind：Philosophical Essays on Psychology, Neuroscience, and Reduction[C]. Malden, Oxford：Blackwell Publishing Ltd，2007：131.

一个自然而然的事情。尽管如此,我们还是无法通过机械的结构还原来说明这一转化,因为我们不能从单个气体分子的状态中推演出整个气体规律。鉴于此,理查德森一再强调:我们应该关注这些案例的"动力学层面",而不是"结构层面"[1]。

事实上,为了揭示不同的理论层次,基于理查德森的思想,我们提倡一种转向——从思考"理论本身结构和理论的消去"(theory elimination),转向思考"说明之目的"。这就意味着,我们同时要进行一个观念上的转向。

一方面,我们逐渐认识到通过转向较低的层次,有时可以获得说明的益处[2]。所以,还原的推动力不是为了获得较低层次的说明充分性(explanatory sufficiency),而是为了获得整体的说明充分性。我们可以借由较低层次所框定的机械论,说明被选择的高层次现象(upperlevel phenomena)和有限数量的高层次现象,而不必借助于较低层次的术语去说明所有的高层次现象。换言之,我们只需利用较低层次的机制去说明限定范围内的较高层次的现象即可,而无需去说明还原模型所描述的任何事物。

另一方面,我们逐渐认识到,阐明寻求高层次说明之必要性的,不是"结构",而是"动力学",而且,动力学转向背后的推动力,不是形而上学的需求,而是说明的需求[3]。例如,在某些案例中,我们在机械论框架内发现了说明的反常,但是,凭借动力学的理论和模型,一旦我们转向更高的层次,该反常就能够得以说明;也就是说,通过嵌入更广阔的语境,我们能够说明该现象。所以,有时候转向更高层次能够增加说明的丰富性。正如转向较低层次,我们的目的是为了说明,如果我们成功地做到了,说明能力显然就得到了加强[4]。

理查德森认为,上述的思想可以在威廉姆·威姆萨特(William Wimsatt)那

---

[1] Robert C.Richardson. Reduction without the structures[A].In: Maurice Schouten, Huib Looren de Jong.The Matter of the Mind: Philosophical Essays on Psychology, Neuroscience, and Reduction[C]. Malden, Oxford: Blackwell Publishing Ltd, 2007: 136-139.

[2] Robert C.Richardson. Reduction without the structures[A].In: Maurice Schouten, Huib Looren de Jong.The Matter of the Mind: Philosophical Essays on Psychology, Neuroscience, and Reduction[C]. Malden, Oxford: Blackwell Publishing Ltd, 2007: 137.

[3] Robert C.Richardson. Reduction without the structures[A].In: Maurice Schouten, Huib Looren de Jong.The Matter of the Mind: Philosophical Essays on Psychology, Neuroscience, and Reduction[C]. Malden, Oxford: Blackwell Publishing Ltd, 2007: 138.

[4] Robert C.Richardson. Reduction without the structures[A].In: Maurice Schouten, Huib Looren de Jong. The Matter of the Mind: Philosophical Essays on Psychology, Neuroscience, and Reduction[C]. Malden, Oxford: Blackwell Publishing Ltd, 2007: 139.

里找到共鸣。例如，威姆萨特曾经指出[①]：

> 当一个宏观规则的例外相对较少时，重新描述一个现象不能提供进一步的说明，该现象借助于确切的微观规则来满足宏观规则。较低层次描述的所有说明能力被宏观规则的成功所遮蔽。然而，对例外于或反常于较高层次规则的案例而言，情景是不同的。鉴于一个反常并不满足宏观规则，这一宏观规则不能够"遮蔽"微观水平变量。对于一些有例外发生于其间的宏观层次的案例，当从微观层次上描述，其明显是非同质的（non-homogeneous），由此走向一个较低层次的描述在说明上是有意义的。

总之，理论研究对象的复杂性迫使我们转向思考理论的动力学，而不是仅仅关注于理论的结构，从而使科学的研究纲领能够不断发展，这一视野与西蒙的观点颇为匹配，因为西蒙也意识到自然是分层结构的，涉及在不同时间尺度上的操作过程。所以，我们期望科学能够反映自然的分工，但是，科学也应该尊重科学中的这些不同之处[②]。

四、一个案例：从结构表征到动力学非表征

在理查德森的理念推动之下，我们的关注点从"理论的结构"转向了"理论的动力学"；与之相平行的是，心智的研究进路似乎也发生着一种类似的转向，即从"表征的结构分析观念"转向了"非表征的动力学观念"。以拉姆塞对认知表征观念的反思为案例，通过阐释"工作描述挑战原则"（job-description challenge）判据之本质，我们试图佐证这一说法。

（一）表征的结构

表征是传统认知科学的一个核心概念，其被用于说明心智的运作机理。然而，我们想知道，哪些特征使得表征能够发挥其说明的功能？为此，我们需要审视表征在行为说明中的作用。

我们知道，表征促成了对人类行为的常识的或民俗心理学的说明。表征观

[①] Robert C.Richardson. Reduction without the structures[A].In: Maurice Schouten, Huib Looren de Jong. The Matter of the Mind: Philosophical Essays on Psychology, Neuroscience, and Reduction[C]. Malden, Oxford: Blackwell Publishing Ltd, 2007: 137.
[②] Robert C.Richardson. Reduction without the structures[A].In: Maurice Schouten, Huib Looren de Jong. The Matter of the Mind: Philosophical Essays on Psychology, Neuroscience, and Reduction[C]. Malden, Oxford: Blackwell Publishing Ltd, 2007: 142.

念通常用于涉及行动者的语境之中。一般认为，表征使用象征符号（诸如言语、图片、记号等）来表征人们所不能直接企及的事物。例如，人们可以使用一个地图来表征一个城市的布局，以帮助其从城市的 A 点，到达城市的 B 点。如此一来，表征为认知说明添加了直接的熟悉度，从而使之具有了直观的洞察力。与此同时，认知科学承诺构建出计算模型，并以之生成心智现象。

这里需要注意一个关于组织体的重要区分，即个人层次（personal levels）和亚个人层次(subpersonal levels)之间的区分[①]。20世纪60年代，丹尼特在哲学中引入了"亚个人"这一术语，旨在区分两个说明层次：一是人及其知觉和行为的个人层次；二是神经系统中大脑及其事件的亚个人层次。当然，当谈及大脑，我们可以将其划分为许多的亚个人层次。然而，之所以引入"亚个人"这一标签，关键是要突出个人层次的描述，换言之，并非是要以大脑的过程来指涉大脑的过程，而是要借由亚个人层次，为个人层次提供一个描述其自身特征的机制。于是，通过亚个人层次对大脑过程的描述，个人层次之特性得以生成。这意味着亚个人层次成了心理学研究的核心。然而，一股思潮席卷了传统认知科学界，受其冲击，对亚个人层次的研究在多数心理学领域中逐渐边缘化，人们转而相信，日常说明中所运用的个人层次的描述（其用于日常说明）能够为亚个人层次说明提供一个蓝图。由此，人们提出一个假设：表征观念不仅可用于个人层次，还可用于大脑功能的描述。这事实上承诺了一种亚个人层次的表征观念，而且这一表征观念的意义并非派生于表征的行动者，换言之，我们可以使用句法结构的符号系统来进行表征，而亚个人层次上表征观念的形成却与任何所谓的"归属"无涉[②]。

然而，亚个人层次上表征观念意义来源的问题，人们不可回避。认知科学给出的解决方案是，将亚个人层次上表征观念视为某种内在的模型建构。论及这一思想的最大贡献者，非克雷克（Kenneth Craik）莫属。克雷克指出，思维的最基本特性之一，是其预测事件的能力。具体而言，心灵构建关于现实情况的小比例模型（即所谓的心理模型）来进行推理，并以之作为说明的依据。心理模型的一个关键特征，是其结构对应于其所表征事物的结构[③]。换言之，表征与其表征的事物是同构的。

总之，通过审视结构在化解表征意义危机中的作用，我们可以发现表征观

---

① F. Keijzer.Representation in dynamical and embodied cognition[J]. Cognitive Systems Research, 2002, (3): 277.
② F. Keijzer.Representation in dynamical and embodied cognition[J]. Cognitive Systems Research, 2002, (3): 278.
③ Philip N. Johnson-Laird . Mental models [A]. In: Robert A. Wilson, Frank C. Keil.The MIT Encyclopedia of the Cognitive Sciences[C].London: The MIT Press, 1999: 525.

念包含着丰富的"结构"意蕴。

（二）"工作描述挑战原则"判据

拉姆塞发现，哲学家们一门心思地关注内容的本质，在心理学哲学中对内容的强调甚至导致许多哲学家假设——内容的理论提供了表征的理论。但是，拉姆塞指出，内容的表述仅仅是冰山一角，哲学家们已经忽略了其他与认知表征相关的更为迫切的问题。这其中最为重要的是，说明神经状态（或计算状态）如何在生物的（或计算的）系统中执行表征的功能[①]。

但是，如何判定一个认知系统能否执行表征的功能？拉姆塞提出了所谓的"工作描述挑战原则"，并将它作为系统能否表征的判断依据。按照拉姆塞的观点，说明一个物理状态如何在物理和计算的过程实际地发挥表征的作用，即说明在认知系统中某事物如何担当表征的角色，这就是所谓的"工作描述挑战原则"[②]。对于"工作描述挑战原则"，我们还可以换一个角度加以审视。我们知道，认知科学通常基于一个三阶的等级结构来说明认知，这一等级架构包含三个分析层次，由高至低分别为计算层次、算法层次及应用层次。认知科学如此为之，其所要达到的效果即是：当认知系统的能力在较高层次被特征化时，对这一能力的说明就必须依附于较低层次的状态和过程。所以，处于这一语境中的工作描述挑战即是，当我们为系统较高层次的给定功能提供一个表征的说明时，我们如何运用系统较低层次的表征说明结构呢？

凭借这一"工作描述挑战原则"判据，拉姆塞断定：以经典认知计算理论为框架的认知系统，即所谓的经典框架认知系统，能够满足工作描述挑战，故而能够表征；以认知神经科学、联结主义认知模型等为代表的新兴认知系统，即所谓的非经典框架认知系统，不能满足工作描述挑战，故而不能够表征。也就是说，凡是能够满足工作描述挑战的认知理论，就可以表征，否则就不能表征，于是能否表征成为区别经典和非经典认知理论的一个重要标准。

自20世纪50年代行为主义式微以来，涌现出了不同种类的表征理论。人们普遍认为，心理过程涉及一些与内容有关的内在状态，对于该心理过程的正确描述必须包含结构，并借此表征其他的事物。这一心理表征的观念是认知科

[①] Jonathan A. Waskan. Models and Cognition：Prediction and Explanation in Everyday Life and in Science[M]. Cambridge：The MIT Press, 2006：110.
[②] William M.Ramsey.Representation Reconsidered[M]. Cambridge,New York：Cambridge University Press,2007：pxv.

学中的认知革命的基石。表征的观念与实践的密切结合，催生了表征的计算理论：计算即认知。在过去的五六十年间，有众多的理论和假设都可归之于这种经典的计算表征理论旗下。尽管在程序运作、信息存储策略、基本算法类型或表征形式上存在巨大的差异，这些理论都共享着一个核心理念，即认知系统通过操纵复杂的表征符号来执行任务。人们普遍认为，针对如何说明认知和智能的核心特点这一难题，符号操作的范式提供了强有力的且行之有效的方法[①]。

通过对经典计算表征理论的深入分析，拉姆塞认为，在该理论的框架中存在着两个主要的表征观念，即 I-O 表征和 S- 表征。

所谓的 I-O 表征，是在计算系统的次一级组分之间所进行的符号传递。I-O 表征的重要特征体现在"符号能够表征其所分配的值（assigned values）"。这样定义 I-O 表征的特征是有必要的，目的在于我们能看到次一级系统在整个计算系统中发挥作用。换言之，必须将系统组分的输入和输出视为用以表征赋值的符号，目的是使得整体系统将计算任务分解为多个子任务，每一个子任务都配置一个子处理过程。正是基于这些重要特征，I-O 表征能够通过工作描述挑战的测试[②]。

当一个系统运用关于目标域的模型（或模拟）来进行离线推理时，其就引入了 S- 表征。目标域的模型（或模拟）假定，目标域与其说明之间是结构同构，由此我们得出，模型的各组分分别代表了目标域的各方面。所以，认知说明如果涉及模型（或模拟），其必定是表征的。拉姆塞认为，许多经典的计算模型应用这种模型（或模拟），都通过了工作描述挑战原则的测试，缘于其体现 S- 表征的核心思想，即人们如果将系统的内在状态视为表征，人们就获得了关于系统如何解决问题的说明[③]。

总而言之，按照拉姆塞的观念，基于 IO- 表征或者 S- 表征的经典认知系统，满足工作描述挑战原则；这也就意味着，这类系统所体现的表征才是真正意义上的表征。

另外，拉姆塞认为，非经典框架认知系统一般应用一些所谓的"接受体观念"（the receptor notion）和"默许观念"（the tacit notion），以便取代前述的两种表征观念。"接受体观念"一般可以理解为：如果某事物是一个针对目标或特征的探测器，在这一意义上，它承载着该目标或特征存在的信息，于是它也就

---

① William M.Ramsey.Representation Reconsidered[M]. Cambridge,New York: Cambridge University Press,2007: pxiii.
②③ Rick Grush.2008, Review-Representation Reconsidered.http: //ndpr.nd.edu/news/23327-representation-reconsidered[2012-8-25].

代表了该目标或特征。这一观念普遍存在于神经科学中，例如，如果神经元选择性地回应一些刺激，该神经元一般即被描述为对那些刺激的表征。经过分析之后，拉姆塞得出结论："接受体观念"中的实体不能满足工作描述挑战，因为通过将它描述为因果的中介者，并不能获得什么说明上的益处。更为糟糕的是，如果将它视为表征，也就许可了任何因果的中介成为表征[①]。

"默许观念"类似于"接受体观念"，两者的区别主要在于，后者认为"表征"所在的实体由某事物可靠地引发，而前者认为"表征"所在的实体可靠地引发某事物。一旦如此理解，对"接受体观念"的论证也就同样适用于"默许观念"[②]。

最后，按照拉姆塞的观点，不同于基于 I-O 表征和 S- 表征的认知理论，基于"接受体观念"或"默许观念"的认知理论，与表征理论并不相容。换言之，对于这些描述认知能力的非经典框架的认知系统，其认知能力的操作与内在表征的状态、过程、角色和机制等无关。

（三）判据的结构意蕴

如前所述，拉姆塞提出了"工作描述挑战原则"，并将其用于判定不同类型的认知系统能否表征。我们认为，在深层次上讲，这一判据意味着经典框架认知系统若要实现表征，就必须实现功能和结构的整合。原因在于，一方面，表征追求一种对认知能力的机械化的说明，换言之，经典框架认知系统作为一种物理系统，追求一种功能分析；另一方面，功能分析作为一个机械化说明的草图（sketches），往往将其中的结构方面忽略了。然而，一旦缺失的结构方面被予以填补，功能分析才能成为一个完善的说明。

当然，只有结构的方面也不能产生机械化的说明——机械化说明需要识别组分的功能特性。依据某种条件下某些媒介或组分所显现的效应，功能特性得以具体化。不同的结构和结构的配置有不同的功能特性，由此产生的结果是，机制中某些功能特性的出现约束了潜在的结构和配置，该功能特性可能为这些结构和配置所体现。同理，机制中某些结构和配置的出现约束了潜在的功能，潜在功能的产生可能是这些结构和配置的体现[③]。简而言之，功能和结构二者相辅相成、缺一不可。

---

①② Rick Grush.2008.Review–Representation Reconsidered.http：//ndpr.nd.edu/news/23327-representation-reconsidered[2012-8-25].

③ Gualtiero Piccinini, Carl Craver.Integrating psychology and neuroscience：functional analyses as mechanism sketches.Synthese, 2011,183(3)：291-292.

实践中，我们发现，人们可以通过以下两条路径来呼应上述观念：

一是寻求行为系统中结构和功能的整合。在生物体内区分结构的方面和功能的方面，是生物学的通常标准的做法，结构和功能在生物学中齐头并进、相辅相成。但是，一旦说到认知行为，就成了另一番图景：功能即是全部，而结构几乎无立锥之地。在心理学中，人们通常提倡一种行为主义的解决方案，以功能描述来解释认知行为，而将结构视为与认知行为不相干的事物予以漠视。在动物行为学中，功能方面在刻画行为的过程中居于主导地位。但是，按照费泽尔（F. Keijzer）的观点，从行为系统角度出发，对行为结构进行出色的特征化，是揭开行为机制奥秘的必要前提，因而需要发展一种所谓的"行为解剖学"：系统地展示行为的结构，该结构在组织体中潜在地发挥着特定的功能[1]。

二是寻求神经科学与心理学的整合。正如皮奇尼尼和克雷夫(C. Craver)所指出的，功能分析是机制的草图，该草图中结构的方面往往缺失了，一旦结构的方面得以填补，才能得到一个完善的机械化说明，在此过程中功能分析与多层次机制说明二者无缝整合，并最终使神经科学与心理学得以整合[2]。

（四）从结构分析到动力学理解

通过分析 I-O 表征或是 S- 表征，我们发现，结构分析在认知表征说明中发挥着重要作用，这至少体现在以下三个方面：

首先，结构分析是表征的一个不可或缺的要素。通过 I-O 表征或 S- 表征，我们寻求一种对认知系统能力的机械化说明，同时，这种机械化说明是对作为整体的系统而言的。由于系统组分既有功能特性，又有结构特性，这使得功能特性和结构特性成为机械化说明的两个重要方面。具体而言，若要建构一个机械说明，需要将整个机械体的能力分解成为一系列"亚能力"（subcapacities），然后将其分配给机械体的结构组分[3]。这也就意味着，机械说明依赖于机械体的相关组分的明晰，如此一来，很多时候不得不诉诸机械体的结构特性，换言之，表征功能的理解离不开系统结构的分析。

---

[1] Fred Keijzer.Theoretical behaviorism meets embodied cognition: two theoretical analyses of behavior. Philosophical Psychology,2005,18(1): 123-143.
[2][3] Gualtiero Piccinini, Carl Craver. Integrating Psychology and Neuroscience: Functional Analyses as Mechanism Sketches. Synthese,2011,183(3): 283-284.

其次，结构分析是表征理论所要承担的一种责任。如果将认知系统的认知过程理解为本质上是表征的，我们需要知道通过计算的、机械化的或因果（物理学的）的术语，这些系统是如何应用于表征结构的。另外，我们还需要知道，结构保有的意向内容是如何与其在认知系统的所为相关的。毕竟，内容作为表征的一个状态或结构，不仅必须有，而且其还要以某种方式，与状态或结构的使用情况相关联。这意味着引入表征的理论承担着一种责任，即要表明所假设的结构，在物理系统中应该如何发挥表征的作用[1]。

最后，结构分析是经典框架认知系统获得内容的必要条件之一。借助自身结构和目标系统结构的同构性，一个内在模型能够获得其内容。拉姆塞认为，经典认知计算理论的说明途径是，将世界的模型归之于行动者。这类模型倾向于——通过模型自身的结构，将世界的结构特征予以编码。通过关于内在模型结构的推理，认知行动者能够进行关于世界结构的推理。正如拉姆塞所言，只有将模型的元素理解为世界表征的特点，我们才能理解行动者何以行之，即理解行动者如何能够进行关于世界的成功推理。否则，为什么只有领悟了内在模型结构的有关事实，行动者才能够有效地假以行之[2]。

我们知道，模型的结构主义一般假定：模型是结构化的，结构则是根据一定关系而组成的实体集合；模型之所以能表征世界，原因是它们与它们的目标系统是同构的。模型的结构主义通常被用于回答诸如此类的问题：大脑是如何表征世界的？语言组分与其描述的对象之间的关系是什么？为了回答这些问题，模型的结构主义通常将系统分解为一些系统要素，并且假定这些系统要素与特定外部原因之间是一一关联的。这种原子论的进路是分析方法的重要遗产，其通常的做法是，将系统结构予以拆分，将结构的意义置于独立的层次之上。然而，这种模型的结构主义与心智的计算表征观念却有着一定的关联性。通过一个例子，我们即可表明这一点。在批判心智的计算主义时，塞尔指出：计算特性并非是内在的和真正可发现的，同时也是非因果的。他认为，计算主义的这一缺陷源于其所隐含的心智结构主义思想，而这种结构主义思想与罗素（B. Russell）的结构主义物理哲学有着莫大的渊源[3]。

然而，这种结构分析方法正是"后结构思想"所竭力反对的。"后结构思想"是后现代主义思潮的一个重要分支，其主要特点之一是，否认语言的透明

---

[1] William M.Ramsey.Representation Reconsidered[M].Cambridge,New York：Cambridge University Press,2007：pxvi.
[2] William M.Ramsey.Representation Reconsidered[M].Cambridge,New York：Cambridge University Press,2007：68-91.
[3] Ricardo Restrepo Echavarria. Russell's structuralism and the supposed death of computational cognitive science[J]. Minds & Machines,2009, 19：187.

性。词语的意义是词代表其本身时的"表征",这种思想导致了决定性意义的幻象。对一个具有特定意义的词语的阐明,正是德里达所谓的"表征的形而上学"的实例。德里达认为,不存在词语与其意义之间的一一对应的关系。意义是系统中所有的词(或不如说是所有的语符)的交互作用的结果。它是系统中动力学的效果,而不是系统组分与世界中对象之间的直接关系。诚然,这并不否认世界与系统之间的所有关系[①]。恰恰相反,系统的成功主要取决于系统与其环境之间相互作用的有效性。这里却要否认的是,当我们处理语言和大脑这样复杂的事物时,这些关系能够以结构性的、决定性的术语来揭示。

与这种后结构思想一脉相承,一种反表征主义的动力学系统理论(dynamic systems theory,DST)在实践中已然兴起。该理论认为,关于心智的理论最好诉诸动力学的研究。对于心智这样一种复杂系统而言,这种关于表征的理解显然是不恰当的。意义不是由符号和某个外部概念或对象的一一关联所赋予的,而是由系统自身的结构组分之间的动力学关系所赋予的。这并不否认在系统外部和内部之间的因果关系。然而,它的确否认系统的结构是由外部所决定的。意义是过程的结构,而这种过程是辩证的——涉及内部和外部的要素。这种过程也是历史的,因为系统先前的状态是至关重要的。此外,这种过程发生于活跃的、开放的复杂系统中。

总之,从经典框架认知到非经典框架认知系统,事实上认知研究隐含着一种方法论上的嬗变,即从结构分析层面转向动力学系统层面。通过审视拉姆塞对认知表征观念的反思,我们可以窥探到这一转向的一些蛛丝马迹。

第三节 计算观念的新范式

任何心智的模型都要与其关注的语境相关,脱离语境而应用模型,我们难免得出一些似是而非的结论。如前所述,图灵机模型的渊源可溯及数学领域中的形式化纲领,相应地,图灵机仅适合作为传统数字计算的设计理念。然而,当我们试图将计算模型应用于自然之时,譬如,建造一种受生物系统启发的机器人,自然计算则凸显为重要的焦点领域。自然计算的出发点和归宿点完全迥异于传统计算理论,因此,计算观念范式转换恰好回应了我们的需求。

[①] 保罗·西利亚斯.复杂性和现代主义——理解复杂系统[M].曾国平译.上海:上海科技教育出版社,2006:110-111.

一、何谓"自然计算"

自然计算是指,"发生于自然的计算,或受自然中事物启发的计算"[①]。这就意味着,自然计算进路抽象于自然现象领域,因而其不仅能够应用于电子硬件,而且能够应用于生物分子、量子计算等系统。

作为一种新的计算观念,自然计算所研究的计算系统主要涵盖以下三个方面[②]:一是吸纳自然灵感的计算技巧,以发展出一种新的问题解决方法;二是使用计算机模拟自然现象;三是(借由自然材料)在自然中计算。

此外,相对于传统计算观念,自然计算观念一般包涵以下几个特性[③]:

第一,按照自然计算主义的观念,人们可以将"自然中的时间发展"视为信息过程,从而研究其计算属性。

第二,自然计算有特定标准,以判断计算是否成功。不同于图灵机中的情形,自然计算模型关注的焦点不再是"停机问题"(the halting problem),而是计算反应的适切性问题。这就意味着,有机的自然计算系统能够以自组织、自我调节等方式,动态地适应其所处环境的条件。

第三,进化发展的策略被应用于自然系统,以便解决复杂性问题。自然计算的理论基础研究应该着眼于计算的基础层次,将计算视为信息处理,因为自然中的所有计算都是以信息处理为支撑的。

第四,作为一种心智研究的新范式,自然计算应该是一个跨学科的研究范畴,或者说,它应该是一个综合的研究进路,具有能够整合不同领域的优势。

鉴于自然计算所具有的这些新特征,我们可以将自然计算视为一种新的计算隐喻,从而确立"语言、心灵和世界"的一种新的关系。诚如多迪希·斯诺科维奇(G. Dodig-Crnkovic)所言[④]:

自然计算为我们展现了一个复杂的世界,体现着自主性、智能化、适应性、网络化等现代特征,它像一颗冉冉升起的希望之星。自然计算作为一个新的计算范式,

---

[①] Bruce J.MacLennan. Natural computation and non-Turing models of computation[J]. Theoretical Computer Science, 2004,(317): 128.

[②] Gordana Dodig-Crnkovic.Significance of Models of computation, from Turing model to natural computation[J]. Minds & Machines,2011,(21): 311.

[③] Gordana Dodig-Crnkovic.Significance of models of computation, from Turing model to natural computation[J]. Minds & Machines,2011, (21): 311-312.

[④] Gordana Dodig-Crnkovic.Significance of models of computation, from Turing model to natural computation[J]. Minds & Machines,2011, (21): 313.

致力于物理世界的可计算问题，其必将引发关于计算的一个颠覆性的理解。

需要指出的是，自然计算体现了一种泛计算主义的观念，即宇宙是一个巨大的计算机器，或者说一个计算过程网络，其依循基本物理规律而运作[①]。这事实上在源头上赋予计算以自然的意义，体现了某种语义的先天论（semantic nativism），从而能够摆脱了困扰计算主义的一个难题，即符号接地问题[②]。

二、范式转向：互动计算

生命系统本质上是开放的，并与环境持续地发生着相互交流。有鉴于此，新的计算模型都是交互式的，以便能够应用于生物的和社会的现象。从"传统算法计算"转向"自然计算"，事实上即呼应了这一需求。这也就意味着：计算观念从传统的范式走向了互动的范式。

我们知道，传统计算观念的视野一般局限于孤立的系统。与之截然不同的是，自然计算观念本质上是一种互动计算，换言之，自然计算牵涉着与环境之间的互动和交流。一般认为，计算的互动范式具有以下几个方面的特征[③]：

一是若要定义一个计算问题，不再是通过生成问题的答案，而是通过完成一个任务。

二是动态的输入和输出是交错的，其由动态流（dynamic streams）来模拟。也就是说，后一个输入流的值取决于前一个输出流的值，反之亦然。

三是计算的环境是模型的一个组成部分，它为计算系统动态地提供输入，并"消化"来自系统的输出值，借此其在计算过程中发挥着积极的作用。

四是并行性（concurrency）：计算系统（或行动者）不仅与环境并行计算，而且也与环境中的其他行动者并行计算。

五是有效不可计算性（effective non-computability）：环境不能视为是静态的，或者是有效可计算的。我们不是总能预先地算出输入值，也不是总能预测出系统输出施加于环境的效果。

需要指出的是，尽管互动计算的实践应用已不是新鲜事物，但是其仍然缺

[①] Gordana Dodig-Crnkovic.Significance of models of computation, from Turing model to natural computation[J]. Minds & Machines,2011, (21)：306-307.
[②] Vincent C. Müller.Symbol grounding in computational systems: a paradox of intentions[J]. Minds & Machines,2009,19：529.
[③] Gordana Dodig-Crnkovic.Significance of models of computation, from Turing model to natural computation[J]. Minds & Machines,2011,21：313.

乏一些成熟的基本理论，特别是关于互动计算语义和逻辑的一些基本理论，有待自然计算理论今后的发展予以弥补。

第四节　走向有意义的信息

伴随着控制工程、通信工程的兴起，以及先进的技术人工物的涌现，认知科学的研究领域逐渐拓展到信息理论。特别需要指出的是，这些信息理论包括由香农和韦弗提出，并由德雷斯基加以发展的"通信的数学理论"[①]。这就为人类探索心智和认知提供了一个新的契机。

得益于信息概念的变革和发展，人们可以重新审视"心智机械论进路"和"心智非机械论进路"之间的争论。心智机械论进路之局限性在于，心智的机械模型是按照预先确定的规则而构造的，其结构也是由已知的相关性标准而预先决定的。因此，这里意义是外界所强加的，而非内禀的。从信息理论的角度来看，这就类似于我们使用无意义的信息来说明智能行为，亦即我们是在以碎片化的方式来审视信息、心智和现实的本质。然而，我们知道，智能行为的本质特征凸显于该行为的有意义的语用属性，换言之，智能行为总是与有意义的信息捆绑起来的。于是，我们引入整体信息观念，并借此揭示心智非机械论进路的理论优势和现实意蕴。

一、整体信息观念

整体信息观念借鉴了德雷斯基信息观念的优势，同时又弥补了其不足。因此，在阐述整体信息观念之前，我们不妨从优势及不足这两个方面来审视德雷斯基的信息观念。

我们知道，复杂的认知生物体创造了错综复杂的意义之网。有鉴于此，为了理解生物体的自主智能行为，德雷斯基试图阐明信念、欲望和理性在这一意义之网中的作用。这里我们仅仅聚焦于德雷斯基对有意义信息的本质的论述。即便如此，就我们要达到的目的而言，我们仍能看出他的自然主义信息观点的一大优点，即强调了身体和环境在信息生成中的作用。正如德雷斯基所指出的，

[①] Maria Eunice Quilici Gonzalez.Information and mechanical models of intelligence：What can we learn from cognitive science?[A]. In：Itiel E. Dror. Cognitive Technologies and the Pragmatics of Cognition[C]. Amsterdam,Philadelphia：John Benjamins Publishing Co.,2007：110.

他的理论与布洛克（N. Block）的意义理论极为相似，后者认为[①]：

  内在元素的意义即是两者所构成的组合：其一，它们与其自身所表征的外在情景的关系（通常指因果或者信息的关系）；其二，在输出生成过程中它们的功能角色（或概念角色）。

  如此一来，德雷斯基特别强调意义的整体性和动力学特性，认为其由相对简单的记忆结构所引发。不妨以神经网络（其属于这类记忆结构的范畴）为例，按照德雷斯基的观念，通过指示者关系（indicator relations）的组合，神经网络就可以学习如何识别图式[②]。

  正如冈萨雷斯所言，德雷斯基信息观念重要性在于，在理解牵涉有意义信息的智能行为时，采用这样的信息视角造成了一个重大的结果，即人类、动物和其他机器之间的区分，本质上是一种度的区分。物理系统之所以能够成为自主的智能行动者，原因在于，新的、更为复杂的情景在系统环境中无论何时涌现，物理系统总有能力发展出高层次的有意义信息，并产生新的实用解决方案，以达到自我保存的目的，换言之，物理系统能够产生新的相关（有意义）信息，以帮助系统自我保存。尽管德雷斯基也承认，在生物学的层次，新的高层次的有意义信息如何产生于已有的结构，对这一问题我们仍然是无从回答，他解释说[③]：

  我们能设想一个高层次的转换机制，其对其他的信息渠道和附属动机变量（collateral motivation variables）非常敏感，（通过学习）控制着已确定的配置的行为。但是，新的反应的生成、智能行为的本质都不能凭借这些简单的机械术语予以考虑。

  但是，在研究智能自主行为时，德雷斯基意义模型还是有其局限性的。

  正如冈萨雷斯所指出的，德雷斯基观点的一个主要问题是，尽管他强调了意义的整体性质，但他的意义模型却是以碎片化的方式来审视信息、心智和现实的本质的，而这正是该模型所隐含的表征主义预设所埋下的祸根。一般而言，基于表征主义的心智研究进路包含着两个基本预设：其一，机械模型可以为研究心智提供好的说明工具。其二，凭借所谓的客观信息过程，智能系统能够正确地进行

[①][②][③] Maria Eunice Quilici Gonzalez.Information and mechanical models of intelligence: What can we learn from cognitive science?[A]. In: Itiel E. Dror . Cognitive Technologies and the Pragmatics of Cognition[C]. Amsterdam,Philadelphia: John Benjamins Publishing Co., 2007: 116.

理解，这一信息过程涉及学习机制，而该机制的目标是确立表征控制机制。

此外，由于德雷斯基的意义模型隐含着通信的数学理论，因此，德雷斯基将信息理解为"客观的有价值之物"，而这也是造成心智碎片化理解的一个根源①。

有鉴于此，不同于德雷斯基的观念，冈萨雷斯认为，我们应该坚持一种所谓的整体信息观念（holistic view of information），并将其作为一种对待心智的态度和立场——不应该将心智从信息的疆域中剔除出来，反而应该将其关联于信息过程的源头，只有如此而为之，人们才不会破坏心智意义的整体性，因为心智牵涉着复杂关系的动力学网络②。

但是，我们如何能做到这一点呢？一个简单的做法即是，将"有意义的信息"与"类心智系统的存在"二者相互关联起来，以便生成学习表征机制。但是，依照表征主义观点，这些系统存在着上述的两个预设，而这将会导致循环论，最终摧毁整个意义理论，即以客观的方式首先摧毁意义的涌现。但是，倘若我们不诉诸表征主义，我们就会避免上述问题的发生。

为取代机械论的认知表征主义观念，并弥补德雷斯基信息观念之不足，冈萨雷斯描绘了一种全新的心智信息观念。具体而言，他提出了一个整体信息进路，最终导向了一个智能行为的非机械论研究进路。

基于这种新的信息观，即世界充满有意义信息，整体信息进路假定：我们无需通过表征把握这些信息，而需要生物体对一种其所置身于其中的"隐缠序"的感觉。因而，这一心智的信息观念与吉布森的生态信息观念有着莫大的关联：信息是生态的信息；生态信息可以理解为具有可供性的复杂的动力学网络，其作为世界的资源，有潜能促使生物体伺机而动③。

只有在行动者与环境耦合的语境下，吉布森的生态信息观念才能更好地得以理解。这就意味着，行动者和环境二者之间协同进化，对二者只能以一体化的而非碎片化的方式进行理解。在进化的整体过程中，身体和环境的动力学的相互作用约束了生物体的感觉行动，引入了相对不变的有意义的资源（诸如物理、生物和社会的结构），同时也便利了使用其他资源。当环境和行动者同一地

---

① Maria Eunice Quilici Gonzalez.Information and mechanical models of intelligence：What can we learn from cognitive science?[A].In：Itiel E. Dror.Cognitive Technologies and the Pragmatics of Cognition[C]. Amsterdam,Philadelphia：John Benjamins Publishing Co., 2007：116.
②③ Maria Eunice Quilici Gonzalez.Information and mechanical models of intelligence：What can we learn from cognitive science?[A].In：Itiel E. Dror.Cognitive Technologies and the Pragmatics of Cognition[C]. Amsterdam,Philadelphia：John Benjamins Publishing Co., 2007：118.

进化时，丰富多样的"不变性"（invariant）构成了一个有序流（ordered flux），该有序流表露出大量的图式，而且这些图式是有意义的，只待在特定的感觉行动过程中为生物体所掌握，其间不需要任何表征的干涉[①]。

无独有偶，斯托尼尔（Tom Stonier）也认为，从简单的层次到复杂的层次，有意义信息以序列的方式而存在。在较高的层次，意义导致了进一步的理解和分析，而在较低的层次，意义包括某些简单的事情，例如，其能在一系列事项中选择某一事项。作为对这一观点的诠释，斯托尼尔曾经构想了一个思想实验，他假想了这样的一个场景[②]：

在这一思想试验中，一群习惯和文化背景各异的清洁工人正在清扫房间，其中有个工人发现了一块拼图。假如这个工人对拼图游戏一无所知，这块拼图对其基本没有任何意义，而被弃之不理。然而，假如这个工人有拼图游戏的文化背景，其会辨认出这是一块拼图，并会将这块拼图交还房间的女主人，因为女主人的孩子正在做拼图游戏，缺少的正是这一块拼图。

冈萨雷斯认为，斯托尼尔的上述思想实验能够给我们一些启发，即对于相同的一条信息，其包含的意义能否出现扩展，这取决于谁在阅读这条信息。正如斯托尼尔所言[③]：

信息的意义方面并非独特地取决于人类的心智，换言之，在此意义上，信息的意义并非人类的专属。其更像是相互关联的一些现象，拓展到整个大自然，一些图式从亚原子结构延伸到人类心智和人类社会，在我们所感受、创造或设想的任何事物中，这一图式包含着或多或少的呈现出来的秩序。

有鉴于此，冈萨雷斯认为，人们应该对秩序的本质以及其在生物体经验中的显现进行探究，这正是信息研究的生态进路之本，而且，他赞同将信息特征总结为"生成差异的差异"。基于这种考虑，冈萨雷斯非常推崇诺伯特·维纳（Norbert Viener）对于信息的定义，这一定义强调生物体和环境之间的关系，即当我们为适应环境而做出调整时，信息代表了与外在世界进行交换的事物的内

[①] Maria Eunice Quilici Gonzalez.Information and mechanical models of intelligence：What can we learn from cognitive science?[A].In：Itiel E. Dror.Cognitive Technologies and the Pragmatics of Cognition[C]. Amsterdam,Philadelphia：John Benjamins Publishing Co., 2007：118.

[②] Maria Eunice Quilici Gonzalez.Information and mechanical models of intelligence：What can we learn from cognitive science?[A].In：Itiel E. Dror.Cognitive Technologies and the Pragmatics of Cognition[C]. Amsterdam,Philadelphia：John Benjamins Publishing Co., 2007：118-119.

[③] Maria Eunice Quilici Gonzalez.Information and mechanical models of intelligence：What can we learn from cognitive science?[A].In：Itiel E. Dror.Cognitive Technologies and the Pragmatics of Cognition[C]. Amsterdam,Philadelphia：John Benjamins Publishing Co., 2007：119.

容，并且我们的调整能够在其上感受到。

维纳是现代控制论之父，他的思想经过后人的继承和发展，在认知科学中占据了重要一席，直接推动了认知科学中动力学的、非表征进路的转向，特别是催生了布鲁斯的"反应式机器人范式"（reactive robotics paradigm，RRP），该范式在人工智能研究领域占据着特殊的地位。不同于非移动的、知识驱动的、推理的认知系统，反应式机器人范式在运作时无需参详明确的核心知识（central knowledge），也不借助任何推理过程和模型建构。反应式机器人范式包含着行为层（behavioural layers），其将输入和输出直接联系起来，构成了一个行为的图式或规范。各层之间并不借助表征的交换来相互指涉，而是借助所谓的"抑制机制"，相互地开展竞争，以谋取优势。反应式机器人范式所展现的整体行为乃是各层互动而涌现的结果，既包括各层之间的互动，也包括各层与环境之间的互动。在这一情景下，反应式机器人范式能够与世界直接互动，无需任何表征的中介[1]。

由于反应式机器人范式强调身体和环境之间的互动，按照冈萨雷斯的观点，心智研究在反应式机器人范式的引导下将从传统的心智表征主义进路转向心智生态学进路，同时其也指明了心智非机械论进路的未来发展方向。

二、隐缠序和信息观念

冈萨雷斯指出，在人工智能研究中进化或协同进化（co-evolutionary）机器人的研究才刚刚起步。尽管如此，冈萨雷斯还是坚信：在不久的将来，人们终将建立更为成熟的机械模型，而且可以期待的是，这类模型将会整合更多的高新技术。要使这一期待不致落空，人们面临的一个课题即是探索这些模型的基本预设，而正是基于这样的预设，人们通过模型来理解有意义信息的意蕴，以及有意义信息与智能的关系。但是，同许多人文主义学者一样，冈萨雷斯的最大的担忧就是：机械模型的发展将会模糊"机械秩序"和"系统秩序"二者之间泾渭分明的界限[2]。与之不同的是，在传统的智能和自主行为研究中人们并无如此担忧，因为这里两种秩序之间的区分是不言自明的。

对于上述这两种基本秩序观念的来源，我们可以追溯到物理学家戴维·玻

---

[1] Maria Eunice Quilici Gonzalez.Information and mechanical models of intelligence: What can we learn from cognitive science?[A].In: Itiel E. Dror.Cognitive Technologies and the Pragmatics of Cognition[C]. Amsterdam,Philadelphia: John Benjamins Publishing Co., 2007: 119.

[2] Maria Eunice Quilici Gonzalez.Information and mechanical models of intelligence: What can we learn from cognitive science?[A].In: Itiel E. Dror. Cognitive Technologies and the Pragmatics of Cognition[C]. Amsterdam,Philadelphia: John Benjamins Publishing Co., 2007: 120.

姆。玻姆认为，一方面，机械秩序的基本特征是：世界是由实体构成的，且这些实体互不包含，在此意义上它们独立存在于不同的空间和时间，并通过各种力而相互作用，但是，这并不会给它们带来本质上的改变。我们所遇到的各种机器可称得上这一机械秩序的典型说明：每一部分都独立于其他部分而形成，而且仅仅通过外在的接触与其他部分相互作用。另一方面，玻姆指出，活的生物体不属于机械秩序的范畴，其转而呈现了一些系统特征，即每一部分都在整体的语境下发展，因此其并非独立而存在，在与他者相互作用之时，也必然在本质上受到其所置身的关系的影响。较诸机械秩序，这实际上即是一种系统秩序的观念[①]。

在实践中，许多研究人员特别关注于系统秩序的阐释和运用，他们进而提倡一种复杂系统的动力学研究方法，即聚焦于元素之间动力学的、自发的互动过程，基于自组织理论，研究这一过程中生成的新形式的秩序，并假定外在控制者的行为与该过程无涉。这事实上形成了一种系统的方法，其始于复杂结构组织的研究，诸如生物和社会的组织结构等，之后逐渐地拓展到一些其他结构的研究，诸如物理的、化学的和信息的结构等。冈萨雷斯认为，正是在这一语境之下，信息能够被定义为自组织的过程，这一过程允许处于特定情境中的生物体的行为延展出来；由于生物体在其自然环境中确立了系统关系，结果使得这一过程获得了意义。值得注意的是，这一观念与斯托尼尔的思想一脉相承，表明了有意义信息在行为中扮演着重要角色，而且角色随着层次由低到高而不尽相同，这取决于所涉及图式的复杂程度。以人类为例，其图式涉及生物的、语用的，以及社会-文化的维度[②]。

冈萨雷斯进而认为，如果说传统信息定义体现了机械的、表征的特征，上述信息定义则与传统信息观念大异其趣，这种反传统的信息观念体现了自组织的特征，因而包含着一种系统观念，而该观念与玻姆的隐缠序概念有着脱不开的干系。

按照玻姆的隐缠序观念，人们可以假定"每个事物都是卷入到每个别的事物之中的"。这一隐缠序观念与现代物理学中占统治地位的显析序观念形成了鲜明的对比："就每一事物只存在于它自己的特定空间（和时间）区域之中、而处在属于其他事物的区域之外的意义而言，在显析序中事物是展出的[③]"。

[①②] Maria Eunice Quilici Gonzalez.Information and mechanical models of intelligence：What can we learn from cognitive science?[A].In：Itiel E. Dror. Cognitive Technologies and the Pragmatics of Cognition[C]. Amsterdam,Philadelphia： John Benjamins Publishing Co., 2007：120.

[③] 戴维·玻姆. 整体性与隐缠序——卷展中的宇宙与意识[M]. 洪定国，张桂权，查有梁译. 上海：上海科技教育出版社,2004：201.

同时，人们可以认为，隐缠序隐含于直觉思维之中，其是一种将万事万物看作是内在本质相关联的思维方式，换言之，在隐缠序观念中任何事物都呈现"你中有我，我中有你"的态势。因此，隐缠序的实在观实际上是这样一种实在观，即宇宙是整体的，其本性也是无穷的；一切"实在的基元"只具有相对意义，只在有限范围内才可分析地加以把握（一旦超越其有效域，其内在地缠连于"外在于它的一切"的本性便暴露出来）。但是，隐缠序实在观并不排斥在显析序思维方式导向之下所取得的一切科学成果，它反而认为，在隐缠序的实在观指导之下，显析序思维方式将抑制其保守的一面，并且永远是人类获取真知的一种必不可少的手段[1]。

但是，这里我们遇到一个颇为棘手的问题：倘若每个事物都卷入每个事物之中，呈现"你中有我，我中有你"的态势，我们如何能够将相关信息和无关信息区分开来？我们需要从玻姆那里寻找答案。按照玻姆的解释，"相关的"（relevant）这一词源于动词"相关联"（relevate），其意义是"凸显以引起关注"，以便"凸显的内容"在信念中能够脱颖而出。当这些引起关注的内容是一致的，或者说，其与语境是相融洽的，这些内容就被认为是相关的。相反地，当引起关注的内容不是一致的，或者说，其是与语境相冲突的，这些内容则被认为是无关的[2]。

冈萨雷斯由此推测，生物体为了存活，发展了基本的系统技巧，形成了身体的自组织过程，从而能够为适应环境而做出调整。随着生物体和环境的共同发展，这些系统的技巧进一步发展，促使相关性标准涌现，从而促成了适应社会要求的更加精巧的调整。在此意义上，按照玻姆的观点，相关性的观念预设了对极高秩序的感知行为。但是，这一感知行为不能严格地由规则所掌控[3]。

但是，在现实中人们往往忽视这种相关性的观念，不懂得语用和社会的层面在我们的智能观念中居于核心地位。由人们对技能的说明，可见一斑[4]。人们往往通过计算表征的方法来阐述技能，但是技能总是有着深刻的生物学的、社会的和历史语境的根源，涉及正确使用有意义的信息。在自主智能行为领域，

---

[1] 洪定国.21世纪人类意识的进化与隐缠序实在观的崛起[J].自然辩证法研究，2000，6：5.
[2] Maria Eunice Quilici Gonzalez.Information and mechanical models of intelligence：What can we learn from cognitive science?[A].In：Itiel E. Dror.Cognitive Technologies and the Pragmatics of Cognition[C]. Amsterdam,Philadelphia：John Benjamins Publishing Co., 2007：121.
[3] Maria Eunice Quilici Gonzalez.Information and mechanical models of intelligence：What can we learn from cognitive science?[A].In：Itiel E. Dror.Cognitive Technologies and the Pragmatics of Cognition[C]. Amsterdam,Philadelphia：John Benjamins Publishing Co., 2007：122.
[4] Maria Eunice Quilici Gonzalez.Information and mechanical models of intelligence：What can we learn from cognitive science?[A].In：Itiel E. Dror.Cognitive Technologies and the Pragmatics of Cognition[C]. Amsterdam,Philadelphia：John Benjamins Publishing Co., 2007：123.

生物体与有意义的信息密切相关，生物和社会文化信息流在其系统的、非纯机械的方面，为正确分析有意义信息提供了一些附加的约束。显然，这些特点无法通过机械化的策略予以阐明。

所以，当人们问及这样的问题：为了求得心智信息观念的机械化理解，创造一种算法是否具有可行性呢？显然，这一问题将人们重新推回笛卡儿与拉美利特之间二元对立的局面。毫无疑问，我们赞同冈萨雷斯的看法，也就是说，对于这一问题，我们给出的回答是否定的。换言之，我们认为心智的过程乃是机械论进路所无法企及的。尽管如此，诚如冈萨雷斯所提醒的，我们不应该忽视机械化策略的某些作用，因为某些种类的智能行为仍能凭借心智机械论进路得以说明。

第五节 心智研究的后现代转向

在我们看来，后现代主义能够为心智研究提供一个新的视角。首先，囿于传统的机械论框架——计算表征主义范式，当代心智研究仍然处于意义迷失的境地。为此，我们需要转向"整体有机论"的框架，从而引入一个具有后现代主义意蕴的心智研究范式——互助论（mutualism）。其次，在心智机械论进路中，我们一般诉诸机械模型来研究心智，然而在后现代视野下，我们发现自组织模型更为适合研究心智这一复杂的认知系统。最后，从"机械体"转向"有机体"，这给我们带来一个重要启示。在机械体中，我们曾经预设了一个旁观者的存在，由其引入意义，并对意义加以解释，因而这里意义是外在的。反观有机体，则大异其趣。由于有机体为了身体的持续存在而进行抗争，最终使得意义获得了根基，并使得语义解释成为系统内裹的能力。在哈斯拉格看来，这体现了一种有机体的意义（organic meaning），即我们身体的脆弱性构成了生物体意义的基础，而且有机体意义作为一种整体的意义，其对世界具有彻底的依赖性，这是生物体拥有而传统计算系统所没有的特性。

一、心智研究的新范式：互助论

机械论的式微造就了一个形而上学的真空，心灵和经验的难题顺理成章地成为人们关注的焦点。在机械论中，一般认为永恒和机械作用是实在的本质。然而，在后现代主义的视野里，永恒和机械作用只不过是特例而已。正如有些物理学家指出的，在恰当的层次审视基本的物理原理，就会发现其是不可逆的。

也正是因为如此，意识在本质上是一个历史的过程，其不能够通过还原为永恒的机械作用而恰当地得以理解。

约翰·匹克林（John Pickering）指出，意识及其所依托的过程都是有机系统的一部分。意识是一个层次，前意识的（preconscious）心理过程则是另一个层次。系统的组成部分相互之间产生着内在和外在的关系，因为它们共享着一个进化的历史[①]。有机系统之间相互嵌套，以互为因果的形式而得以整合。这类系统中存在着一种所谓的"行为流"（the flow of action），其不仅呈开放的状态，而且具备生成的能力。由于这种"行为流"不能够有效地归之于一系列打着"永恒和封闭"烙印的基本物理规律，现代的机械论科学不能够提供一个合适的理解心智的平台[②]。

然而，互助论为人们有效地介入上述行为流，提供了一个后现代意蕴的非机械论的视角。按照匹克林的观点，我们可以通过以下三个方面来审视互助论[③]：

首先，我们来审视所谓的"形式因"（formal causation）。后现代科学相继提出了涌现理论和下向因果观念，不仅对方法论的还原主义造成了巨大冲击，而且将本体论的还原主义推到了风口浪尖之上。但是，仔细的审视之后，我们发现涌现理论并不能为"下向因果"提供一个统一和一致的定义。而且，其在彰显高层次特性的因果意义的同时，很难做到不颠覆低层次的物理因果规律。最终，涌现理论陷入了循环解释和解释不连贯的困境。走出这一困境的关键在于，将"下向因果"理解为"形式因"，而非"物理因"（physical causality）[④]。

拒斥"形式因"，并重新定义"质料因"，无疑是现代科学留给我们的遗产（或者更为确切地说是包袱），其影响可谓深矣。然而，后现代科学愈发地意识到这种因果一元论的局限性，于是呼唤其他种类的因果关系[⑤]。这就重新燃起了人们对亚里士多德所谓"形式因"的兴趣。一般认为，"形式因"是由有机系统内的关系模式（patterns of relations）所承载的，无法仅通过孤立的、物质和能量的系统予以理解，换言之，物质和能量的系统只是"形式因"的载体，而不是"形式因"其本身。

当前，对"形式因"的探索还处于不成熟的阶段，即便在生物学界亦是如此。然而，"形式因"对自然科学（特别是生物学）的影响力已然显露。例如，

[①][②][③] John Pickering.2006. Beyond cognitivism: mutnalism and postmodern psychology. http://www2.warwick.ac.uk/fac/sci/psych/people/jpickering/johnpickering/mutualism[2013-9-15].
[④] Mariusz Tabaczek .The metaphysics of downward causation: rediscovering the formal cause[J]. Zygon, 2013,48(2): 380.
[⑤] Mariusz Tabaczek .The metaphysics of downward causation: rediscovering the formal cause[J]. Zygon, 2013,48(2): 394.

因果关系涉及"转移"(transfer)。在机械论观念中,现代科学原则上处理的是"质料因"和"动力因",这就意味着其主要涉及物质和动量的转移。而在非机械论中,尽管"质料因"和"动力因"是其转移的载体,"形式因"还是恰当地被视之为"信息或意义的转移"。借用马里乌什·泰伯扎克(Mariusz Tabaczek)的话,这是一个新的、更具整体性的、描述实在的科学进路[①]。

其次,我们来审视所谓的"涌现",其通常被看作"还原"的对立面。在孤立和非有机的语境中,还原是非常有用的观念。然而,当涉及有机行为,还原就显得不合时宜。有机行为并不打破物理规律,事实上物理规律也不可颠覆。但是,有机行为可以与之不相干,也就是说,其不能还原为较为简单的下层物理事件,后者(指下层物理事件)不是原因,而是结果,挟裹于共同进化的有机行为图式中。这些图式以自组织的方式,将物理、生物和心理层次的秩序整合于"功能的同一"(functional wholes),并通过"形式因"的相互交换,达到一种动态的平衡,借此,有机秩序(organic order)得以涌现[②]。

这里需要澄清的一点是,互动论所引入的涌现观念并不涉及任何神秘力量。既然社会学家们可以谈论社会系统的涌现,心理学家们当然也可以谈论心理系统的涌现。在此观念之下,精神生活或者意识并不需要特定的物质或力量,来干涉物质世界。大脑、心灵和意识只是一个生命形式的不同侧面而已。在这一互助主义的世界图景中,系统的任何部分都不具有优先性。共同进化系统中的行为作为意识的支撑,在本质上是由有机事件所构成的,因而不能被还原为简单的物理因素。

最后,我们来审视意义的生态学处理方式。互助论的观点假定,存在着一种所谓的有机秩序,而这一有机秩序作为生态关系的基础,依赖于意义之间的相互作用。我们可以通过玻姆的意义生态学视角来诠释上述假定。基于吉布森的直接知觉论和可供性观念,玻姆认为,有机行为是生态学互动的一个组成部分。通过有机行为,有机体在物理的、生物的和心理的层次上实现了一个生态学的整合。这就意味着,有机体归根结底是一个基于意义的进化的产物。正如玻姆所言[③]:

物质对象对于人类有其意义,而大多数的物质环境都能被描述为这些意义的体结果(the somatic result)。这些意义从根本上影响着我们对于自然的行为,以及自然

[①] Mariusz Tabaczek. The metaphysics of downward causation: rediscovering the formal cause[J]. Zygon, 2013, 48(2): 400.
[②③] John Pickering. 2006.Beyond cognitivism: mutnalism and postmodern psychology. http://www2.warwick.ac.uk/fac/sci/psych/people/jpickering/johnpickering/mutualism[2013-9-15].

对于我们的回应。其中某些较为简单的类型，即是内化到神经系统的反应能力，或是物种积累之经验所反映出的直觉。就高等动物而言，该意义操作变得更为明显，就人类而言，其可能发展出意识知觉，那么意义是最为核心和关键的。

由此可知，我们对自然施以行为，自然亦对我们回报以行为，这两种行为被紧密地卷入行为自身的进化过程中。正是以这种方式，进化呈现出开放性和生成性，并反映出一个关于生态境遇行为的历史。我们借此可以推断，正是在此背景之下，"形式因"被描述为意义的转移。

总之，在互助论框架下，意义的生态学视角所折射出的不同侧面，不仅是自然符号系统的组成部分，而且也是后现代科学精神生活不可分割的一部分；心智研究的对象既不是相对的文化约定，也不是绝对的自然规律，而是综合了这二者的进化系统[①]。因而，互助主义的转向有助于摆脱机械论的掣肘，导向一个更富整体性的心智研究进路。

二、从机械模型到自组织模型

在智能研究中，许多人致力于构建经典的机械模型。尽管他们执著于此，有时却对这类模型的缺陷不自知。由于这类模型多半"遮蔽"于数据收集之下，人们很少审慎地看待这类模型的恰当性。诚如墨娜·埃斯特普（Myrna Estep）所言，正是基于这一原因，一些的隐含结构促成了人们研究的谬误[②]。

在某一机械模型中，不可调节的部分乃是人们关注的焦点，这些部分是事物运作中的决定性因素。某一机器作为物体，其所包含的部分以预先决定的方式运作。也就是说，机器组分的内容和形式，以及组分被整合的方式，决定了机器的功能。

通常智能研究人员采取一种实验主义的立场，智能则被还原为一个单独的能力或因素，由此造成的效应是线性的和可加的（additive）。这是一个非统计的机械效应模型，其中的所有语境或背景变量都被控制着，以便不影响智能理论或智能测量。在上述模型中，单独的智能行为被当作所有的智能行为的决定因素，也正是这类模型或观点假定了一个"中央通用控制器"（central all-purpose

---

[①] John Pickering. 2006.Beyond cognitivism：mutnalism and postmodern psychology. http：//www2.warwick.ac.uk/fac/sci/psych/people/jpickering/johnpickering/mutualism [2013-9-15].
[②] Myrna Estep.Self Organizing Natural Intelligence：Issues of Knowing Meaning and Complexity [M].Dordrecht：Springer, 2006：17.

controller），其掌控着所有的智能事物。这一通用控制者通常被视为单一的通用能力，它是决定着所有智能效应的智能动因[①]。

但是，在智能研究中人们使用这类机械模型时，通常做出这样的假定：给定一个层次，人们可以对另一层次有所证明。这正是问题的症结所在。基于这类模型的智能研究中，智能本身不仅被认为是不可调整（non-modifiable）的机器，而且被认为是人类其他诸多行为的决定因素。这个不加批判的预设，部分地基于另一个未加审查的预设，即智能的组分（部分）是离散的、原子的、线性的和可加的。一句话，这些模型视智能为线性的、非动力学的系统。智能被视为从起先即是给定的，而不是从生物体各组分的互动中涌现的，其被视为一个中央处理器，作用于生物体以产生种种可观察的智能行为[②]。正如斯诺科维奇在批判图灵机时所指出的，这类模型本质上预设了一个人，作为模型的一个组成部分，其为模型提出一些问题，提供一些所需的物质资源，并对这些问题予以诠释[③]。

然而，生命体显然是一个复杂的认知系统，正如系统科学理论所一再表明的，构建复杂系统的模型这一想法是可行的，但是，这种模型并非是经典的机械模型，而应该是一种自组织的模型系统[④]。

所谓"自组织"，即是物理的或生物的系统中所见到的"图式-信息过程"。在自组织系统中，系统较低层次组分之间发生着大量的互动，而在整体层次之上，从中就涌现了种种图式。另外，从技术上更为准确地说，规则和算法用于刻画较低层次互动的特征，而且这二者基于自组织系统的本地信息得以执行，而不涉及整体的图式。然而，这一整体图式涌现于自组织系统的内在动力学过程之中，而不是由任何外在的来源所强加于系统的[⑤]。这就意味着自组织系统具有以下特点[⑥]：

> 如果系统在获得空间的、时间的或功能的结构过程中，没有外界的特定干预，我们便说系统是自组织的。这里的"特定"一词是指，那种结构和功能并非外界强

[①②] Myrna Estep.Self Organizing Natural Intelligence：Issues of Knowing Meaning and Complexity [M].Dordrecht：Springer, 2006：18.
[③] Gordana Dodig Crnkovic.Significance of models of computation：from turing model to natural computation[J]. Minds & Machines, 2011, (21)：306.
[④] 哈肯.信息与自组织——复杂系统中的宏观方法 [M]. 郭治安，信息与自组织翻译组译. 成都：四川教育出版社，1988：19.
[⑤] Myrna Estep.Self Organizing Natural Intelligence：Issues of Knowing Meaning and Complexity [M]. Dordrecht：Springer, 2006：40-41.
[⑥] 哈肯.信息与自组织——复杂系统中的宏观方法 [M]. 郭治安，信息与自组织翻译组译. 成都：四川教育出版社，1988：29.

加给系统的，而且外界是以非特定的方式作用于系统的。

所以，自组织模型完全迥异于经典的机械模型。在某些科学领域，当研究人员收集数据并且构建生物体的模型时，许多研究人员已经意识到要使用恰当的概念和模型来指导其研究。在这些模型中，事件状态的演变过程如同发生于生物体，即一种动力学的、自组织的、活的生物。与机械模型不同，自组织模型坚持一种组织体的观点，其强调了组织体组分的组织性，以及组织体组分之间的互动，特别是处于语境中的互动。换言之，它并不关注处于孤立状态下组分的特性，而是关注于系统的整体性和组织性，并关注于信息的输入、接收、信息所伴随的行为、输出以及信息与环境的交换等。在某一环境中，整个组织体的动力学特性被视为是一种具有非线性和自组织性的复杂性。例如，在弗里曼的神经动力学理论中，认知系统是自组织的，系统整体行为役使着其构成元素。行为层次由群体（the population）而非个体所决定，这即是神经动力学的最为基础的部分。对此，弗里曼解释说[①]：

在物质的多个层次和宇宙时空的多个尺度之上，宏观的整体无处不在。在每一情形中，微观元素和粒子的行为都为嵌入的整体性（the embedding ensemble）所约束。只有参考宏观的行为模式，微观行为才能得以理解。

另外，不同于机械模型，自组织模型否认其组织体之组分具有不可改变的性质和固定的行为，同时亦否认其组织体的功能是预先设定的；相反地，它认为其组织体之组分相互依赖地运作着，以保持环境中整个组织体的功能。在最低限度上，任何"中央控制器"的概念都应该超越于任何组织体的中心点，以便涵盖生物体的所有组分及其各组分的组织构架和复杂的互动。这被认为是一个语境敏感的、适应性的、自组织的和非线性的生命现象[②]。

三、走向"有机体意义"

（一）历史背景

在任何研究领域中，意义都是一个棘手的话题。关于意义的释义，在字

---

① 转引自：Hubert L.dreyfus.how representational cognitivism failed and is being replaced by body/world coupling[A]. In: Karl Leidlmair. After Cognitivism: A Reassessment of Cognitive Science and Philosophy[C].London, New York: Springer, 2009: 67.
② Myrna Estep.Self Organizing Natural Intelligence: Issues of Knowing Meaning and Complexity [M].Dordrecht: Springer, 2006: 20.

典中我们可以找到这样的词条,即被传播或示意的(signified)的事物、感觉(sense)或显著性(significance)、被阐释的目的、意图,或者对特定行为或情景的掌控。然而,在认知科学中人们一般面临的问题是,倘若将"心理表征"等同于"计算符号的操作",那么这些符号的意义从何而来呢?在人工智能领域,豪杰兰德将这一问题称之为"原初意义之谜"(the mystery of original meaning)①。

纵观整个认知科学史,由于受到意义问题的困扰,不少人坚持一种较为悲观的论调。例如,杰弗里·杰弗逊(Geoffrey Jefferson)曾经认为②:

没有机制能够在成功时感受到其快乐,其真空管熔断(valves fuse)时也不会悲伤,受到恭维也没有如沐春风的感觉,不会因为犯了错误而痛苦,不会为异性所着迷,当其所欲而不达时,也不会恼怒或沮丧……除非机器会做诗或者会谱协奏曲,这是因其有所思和有所感,并非缘起于符号的降临,这样我们才能赞同机器等同于大脑,也就是说,不仅要写下东西,而且要知道已经写下了的东西。

当然,也有不少人尝试回答这一问题,其中的代表人物包括图灵、塞尔及哈奈德(S. Harnad)。

杰弗逊的上述观点尽管颇具浪漫主义情怀,但图灵却严肃地给予回应。图灵认为,在其最极端的形式下,杰弗逊的观点导致了"唯我论"(solipsism),因此,他认为不要揪住一点不放,而应该采取通常的做法,即使用每个人都认可的文雅约定。对图灵来说,"使文雅的言语行为能够信服"作为一个标准,足以确保意义之归属③。

塞尔以直观的方式明确表示,尽管单凭基于句法的符号处理不会导向任何涉及意义的理解。但是,存在某些关于大脑的事物,其认可关于意义的意识。遗憾的是,他并没有完全澄清何为大脑的"特定因果特性",以及这些特性何以发现④。

哈奈德则将"意义问题"类比于这样一个情形,即人们仅仅通过汉汉词典(Chinese/Chinese dictionary)来学习汉语。换言之,形式符号系统的语义解释应该能够内裹于该系统,而不是仅仅依附于我们头脑中的意义。哈奈德不仅以此

---

① John Haugeland. Artificial Intelligence: The Very Idea [M].Cambridge: The MIT Press, 1985: 27.
②③ Willem Haselager, Maria Eunice Q. Gonzalez.The meaningful body: on the difference between artificial and organic creatures [A]. In: Angelo Loula,Ricardo Gudwin. Artificial Cognition System [C].Hershey, London: Idea Group Publishing, 2006: 239.
④ Willem Haselager, Maria Eunice Q. Gonzalez .The meaningful body: on the difference between artificial and organic creatures[A].In: Angelo Loula, Ricardo Gudwin. Artificial Cognition System[C]. Hershey,London: Idea Group Publishing, 2006: 240.

方式来阐述意义问题,他还要试图解决这一问题。他认为,表征必须以"形象表征"(iconic representation)和"类型表征"(categorical representation)为基础。这里需要解释的是:在形象表征中,对于远端的对象和事件,"形象"类似于其近端的感觉映像;而在类型表征中,"类型"即是对象和事件的不变特征。这两种表征都与激发它们的感觉信息因果地相联系,尽管联系的程度相同,但是两种表征还是需要给予解释的。哈奈德进而指出,通过将"形象表征"和"类型表征"这二者串联进入一个命题,使得这一命题能够与其他命题结成系统的关系,"意义"就能够得以凸显[1]。

但是,在哈斯拉格(Willem Haselager)看来,尽管图灵、塞尔及哈奈德等都提出了各自的意义理论,但是这些意义理论都不是我们所真正需要的[2]。为此,哈斯拉格聚焦于"特定的对象、情景或行为等对生物体所具有的意义",并以之为出发点,试图将意义理论推向深入。

在哈斯拉格看来,人们往往将表征视为一种与世界的恰当的联系方式,这一做法看似至关重要,但是不无疑问。原因何在呢?原来,意义源于"与世界互动的整合图式"(incorporated patterns),换言之,系统是通过环境与身体的互动来提取意义的。这也就意味着,起着联结心智与世界作用的是身体,而不是表征。鉴于意义处于这一联结点之上,而且心智正是基于身体而运作的,身体的属性自然地成为人们最好的研究对象[3]。正是基于这一具身观念,哈斯拉格等提出了一种有机体意义观念。

(二)有机体意义

存在一些涉及意义的难题:意义是如何涌现的?生物体何以能够作为力量的主体,同时又追问力量到底是什么?有望回答这些问题的一个的途径即是,求助于互助论,将意义与生物体可获得的协调行为相联系,这里的意义是指"对特定生物而言的特定情景的意义"。也就是说,一旦可供性、经验及目标卓

---

[1] Willem Haselager, Maria Eunice Q. Gonzalez.The meaningful body: on the difference between artificial and organic creatures[A].In: Angelo Loula, Ricardo Gudwin. Artificial Cognition System[C]. Hershey,London: Idea Group Publishing, 2006: 240.
[2] 图灵、塞尔及哈奈德三人的意义理论的本质可分别简单地表述为:令人信服的行为以及文雅的约定、大脑特定的因果特征,以及植根于形象表征或类型表征,并以系统性作为补充。见: Willem Haselager, Maria Eunice Q. Gonzalez.The meaningful body: on the difference between artificial and organic creatures[A].In: Angelo Loula, Ricardo Gudwin. Artificial Cognition System[C].Hershey, London: Idea Group Publishing, 2006: 240.
[3] Willem Haselager, Maria Eunice Q. Gonzalez.The meaningful body: on the difference between artificial and organic creatures[A].In: Angelo Loula, Ricardo Gudwin. Artificial Cognition System[C].Hershey, London: Idea Group Publishing, 2006: 240-241.

有成效地配合起来，它们就产生了具有一致性、可行性和可预见性等特征的一系列行为：个体对情景的有意义的说明①。

然而，在以上述途径作为意义分析的起点之前，有一个假设值得我们审视。这一假设即是，意义与有机身体的优劣势相关联，正是为了身体的持续存在而进行抗争，生物体最终使得意义获得了根基，或者说，使得语义解释成为其内禀的能力。

这一假设有无道理呢？回答是肯定的。由于显著性被理解为涉及意义、价值、意图、想法和行动等，因而我们可以在最基本的层次上做出这样的假设。在哈斯拉格看来，在生物体为存活而进行一系列抗争中，环境的某些方面因为对生物体的存活有着正面的或负面的影响，而变得具有显著性。我们知道，环境中存在着与生物体存活息息相关的事物；身体与这些事物之间产生着互动，并且存在着对这种互动效应的监控。可以说，作为一种最终的标记，根据与自身的关系，身体的自我保存可以将事物标记为正面的或负面的。这即为意义提供了一个坚实的基础②。

这里遇到一个关键问题是：生物体既然能够处理内在环境与外在环境中的事件之间的关系，从而保持一种均衡的事态，如何理解生物体的这种能力呢？回答这一问题离不开对自组织特征的探究。

自组织系统的特征体现于系统组分之间的整体互动。这一整体互动产生的结果是，较高层次的图式——亦可称之为序参量（order parameter）或集合变量（the collective variables）——能够从较低层次元素所确立的动力学关系中涌现出来；反过来，较高层次的图式也因果地制约着较低层次组分的行为。尽管有人可能认为"参数"这一术语选择不当，因为其所指涉的事实上是整体的变量，但是，按照哈斯拉格的观点，我们可以辩解道，按照自组织理论，整体变量可以被看作"参数"，因为其下向的因果性能够调整系统较低层次组分之间的互动③。

在自组织体系中，通过下向或上向的因果影响，所有元素的行为有助于"形塑"（shape）其他元素的行为。自组织对于意义话题显然是必要的，因为我

---

①② Willem Haselager, Maria Eunice Q. Gonzalez.The meaningful body: on the difference between artificial and organic creatures[A].In: Angelo Loula, Ricardo Gudwin. Artificial Cognition System[C].Hershey, London: Idea Group Publishing, 2006: 243.

③ Willem Haselager, Maria Eunice Q. Gonzalez.The meaningful body: on the difference between artificial and organic creatures[A].In: Angelo Loula, Ricardo Gudwin. Artificial Cognition System[C].Hershey, London: Idea Group Publishing. 2006: 247-248.

们很难想象还有其他途径使得意义得以涌现，而无需预设由外界所强加的意义。正是在身体和世界之间的无监管的互动当中，对象、事件、目标和行动等都变得有意义。而且，还有很重要的一点我们需要注意：较高层次的意义不是以预设的、从下到上的分层形式建构的，而是源自于生物体的身体方面和环境之间相互依赖的动力学互动。因此，自组织对意义的创生和拓展是极为关键的，哈斯拉格引用埃默希（C. Emmeche）的观点解释说[①]：

> 如果诸如机器人的物质装置具有动物所特有的有机灵活性，使之能够例示（instantiate）类似于心智规律的任何事物，即倾向于使得符号（signs）发挥影响或以自组织的方式与其他符号发生联系，我们才不能不说：该装置应能够实现真正的符号。

需要指出的是，任何有机身体不仅涉及自组织特性，而且涉及自创生、新陈代谢和离心发育（centrifugal development）等其他特性，它们对于意义论题都是至关重要的。

在哈斯拉格看来，正是这些特性使然，有机体在其环境之中获得了根基；同样是这些特性使然，有机体为存活而对事物或事件的意义予以回应[②]。也就是说，正是借由这种以"自我保存"为诉求的身体抗争，意义得以"落地"，语义解释随之成为有机体内生的而非派生的系统能力。由此，我们走向了一种有机体意义。

[①②] Willem Haselager, Maria Eunice Q. Gonzalez. The meaningful body: on the difference between artificial and organic creatures[A]. In: Angelo Loula, Ricardo Gudwin. Artificial Cognition System[C]. Hershey, London: Idea Group Publishing, 2006: 248.

结　束　语

　　从本质上讲，意识是关于价值和意义的事物。但是，自从现代心智研究将大脑视为一个物理的对象后，价值和意义逐渐地淡出心智研究的视野，从而造成了对心智的碎片化理解。为了破解这一困局，我们从"心智机械论进路"转向了"心智非机械论进路"。事实上，这两种心智进路的更迭交替所折射出的，不仅有信息观念的更新和世界观的变迁，而且还有现代主义和后现代主义两种思潮的交锋。

　　我们知道，现代主义往往如此假设：人们能够把某些要素从整体中抽取出来，并可在分离的状态下认识它们的真相。如此一来，人们对于作为整体的宇宙的任何认识，都是人们观察和思维方式抽象出的结果。这种认识宇宙万物的方式有时极为便利，也颇有功效，但不无局限性[①]。换言之，任何一个层面上的发现，都有助于另一个层面上的研究，但是并不能完全解释另一层面上发生的现象，譬如，组织体在较高层面所展现的一些特性，并不能从较低层面得以预测。

　　现代主义正是以上述碎片化的思维方式，扭曲了我们对心智本质的认识，导致心智和意义之间的割裂。具体而言，在传统认知科学中人们对于计算表征主义的承诺，显然曲解了由行为主义转向认知主义的初衷，殊不知将心灵置于一个文化的意义系统之中，才是恰当的心智研究之道。实践中，人们忽视了不可避免的相对性，转而致力于以非发展（即去历史的、通用的）的术语来描述

[①] 王治河. 别一种后现代主义（代序）[A] // [美] 大卫·格里芬. 后现代科学——科学魅力的再现 [M]. 马季芳译. 北京：中央编译出版社，1995：10.

心灵的本质。为此，人们假设存在着一种精神生活的一般架构元素，其在文化上是中立的，类似于图灵机中的计算。但是，正如布鲁纳所指出的，这一假设在大方向上就是错误的。人类置身于文化所支撑的意义之中，其心智通过同化（assimilating）这些意义而得以发展，换言之，正是意义造就了人类心智的能力，因此，理解心智离不开心智所依存的文化语境[①]。

与之大异其趣的是，后现代主义假定：万事万物通过相互的包含，而彼此具有内在的关联性。无论是社会，还是自然界，整个世界都是通过我们意识中的包含性，才与我们的思维过程产生内在的联系，因为我们思维的内容正是我们所感知和认识的这个世界。这些内容不仅仅是我们的表象，而且还是我们全部生活的意义源泉。事实上，离开了包含于我们身上的自然世界和社会文化，便无法想象生活对于我们的意义[②]。诚如玻姆所言[③]：

> 由于我们不可分割地包容在世界中，物质和意识之间不存在根本的分歧，因而，意义和价值不仅是世界的组成部分，也是我们的组成部分。

正是在这一背景之下，人们放大了心智研究的价值基础，强调更为完善地阐述心智的进化根源和文化语境。这也就意味着，对心智的探究要求我们更多地关注于各种精神生活的生态学支撑。而且，只有如此为之，才有助于消弭横亘于自然秩序与价值之间的隔阂[④]。

但是，有一点不容我们忽视：后现代主义虽说推崇一种整体论的方法，但是它并不排斥分析的方法。事实上，它包容和运用了现代所有严格的分析技巧，而且并不停顿于分析上，也不推崇客观、冷漠的分析价值观，它既包容又超越了分析方法。因此，它既不是还原论的，又不是反理性的。它对分析方法的采用仅仅是到达更广阔目标的一种手段[⑤]。这样一种整体论的研究方法来源于它所研究的对象。在我们看来，它研究的对象（或世界）是一个有机体和无机体相互密切作用的、永无止境的、复杂的网络。

如果将心智非机械论进路融入到后现代主义思潮的大背景之中，并使之作为该思潮的一个具体例示（instantiation），我们对心智研究的定位或许会更加的

[①] John Pickering. 2006. Beyond cognitivism: mutualism and postmodern psychology. http://www2.warwick.ac.uk/fac/sci/psych/people/jpickering/johnpickering/mutualism [2013-9-15].
[②][③] [英] 大卫·伯姆. 后现代科学和后现代世界 [A]// [美] 大卫·格里芬. 后现代科学：科学魅力的再现. 马季方译. 北京：中央编译出版社，1995：94.
[④] John Pickering. 2006. Beyond cognitivism: mutnalism and postmodern psychology. http://www2.warwick.ac.uk/fac/sci/psych/people/jpickering/johnpickering/mutualism [2013-9-15].
[⑤] 王治河. 别一种后现代主义（代序）[A]// [美] 大卫·格里芬. 后现代科学——科学魅力的再现 [M]. 马季芳译. 北京：中央编译出版社，1995：10.

清晰。换言之，从后现代主义对待分析方法的态度之中，我们的心智研究应该能够收获一些启示：爱而知其恶，恶而知其美，方是持平，于是正确地认识心智机械论进路之优劣，有助于我们在方法论上保持一种持平的态度。

尽管我们推断心智过程和意义乃是机械论进路所无法企及的，我们亦不能忽视心智的机械化的策略，因为某种智能行为仍能凭借机械论进路得以说明，机械论进路对有意义信息及智能研究产生过深远的影响，简单地将其予以清除并不能一劳永逸地破解困局。因此，我们应当采取的做法是，尽可能地开阔我们的视野，与其纠结于两种不同进路的对峙局面，不如采取玻姆的态度和立场，以平衡两者之间存在的张力。诚如玻姆所指出的[①]：

> 人类不断地发展着新形式的洞察力，这一洞察力在某一点上清晰，然后又趋向模糊。在这一行为中，不存在明显的理由去假设：存在或者将会存在某种终极形式的洞察力（其对应着绝对真理）。

依循玻姆的上述观念，我们认为，作为一个具有整体性特质的心智研究进路，心智非机械论进路似乎是处理复杂认知系统的最佳方式。但是，同样是这种整体性特质使然，我们在研究人类智能和行为时，在可资利用的一系列复杂的工具之中，机械论的模型策略仍然是其中不可忽略的一部分。这事实上也就意味着，对于机械论，倘若能够不囿于喜爱或者恐惧的这种简单而直白的态度，认知科学家就能够真正地思索"身体－环境"耦合的复杂认知动力学，从而正确认识和评价心智机械论进路在心智研究中的地位。

最后，纵观整个科学发展史，科学事业大体上是一项"知其然"的事业，意义并非科学事业本身职责之所在，尽管如此，"知其所以然"的问题仍然是我们科学研究的重要推动力之一，而且科学发现不可避免地给予终极意义的追问以新的启迪[②]。

因此，为重拾心智研究的原有意蕴，我们对心智科学亦有类似的诉求：心智研究的终极目标显然不是机械论进路所能完全企及的，因此心灵科学不能仅仅作为一个简单的科学研究范式，其还需对心灵的意义问题有所承诺。可以说，心智非机械论进路为兑现这一承诺迈出了坚实的一步。

---

① 王治河. 别一种后现代主义（代序）[A]// [美] 大卫·格里芬. 后现代科学——科学魅力的再现 [M]. 马季芳译. 北京：中央编译出版社，1995：10.

② Paul Davies.Introduction：toward an emergentist world view[A].In：Niels Henrik Gregesen. From Complexity to Life：On the Emergency of Life and Meaning[C].Oxford, New York：Oxford University Press, 2003：13.

参考文献

埃德加·莫兰.2001.复杂思想：自觉的科学[M].陈一壮译.北京：北京大学出版社.

安娜·何布勒. 2011.对激进的具身认知科学的一个批判[J].华东师范大学学报（哲学社会科学版），（6）：1-9.

保罗·西利亚斯.2006.复杂性和现代主义——理解复杂系统[M].曾国平译.上海：上海科技教育出版社.

蔡汀·沙达.2005.库恩与科学战[M].金吾伦译.北京：北京大学出版社.

常照强，张爱民，魏屹东. 2013.心灵科学的重构:寻找缺失的意义[J].科学技术哲学研究，(5)：62-66.

陈巍，陈波，丁峻.2010.第一代认知科学五十年：离身谬误与危机根源[J].山东师范大学学报（人文社会科学版），(4)：46-50.

陈治国. 2012.现象学与科技哲学的新互动——第5届全国现象学科技哲学学术研讨会综述[J].哲学分析，3（1）：184-188.

大卫·伯姆.1995.后现代科学和后现代世界[A]//大卫·格里芬. 后现代科学——科学魅力的再现[M].马季芳译.北京：中央编译出版社.

戴维·玻姆.2001.论创造力[M].洪定国译.上海:上海科学技术出版社.

戴维·玻姆.2004.整体性与隐缠序——卷展中的宇宙与意识[M].洪定国，张桂权，查有梁译.上海:上海科技教育出版社.

费多益. 2010.寓身认知理论的循证研究[J].科学技术哲学研究，27（2）：15-20.

弗拉第米尔·塔西奇.2005.后现代思想的数学根源[M].蔡仲，戴建平译.上海：复旦大学出版社.

弗里德里希·克拉默. 2000.混沌与秩序——生物系统的复杂结构[M]. 柯志阳，吴彤译.上海：上海科技教育出版社.

高新民，储昭华.2002.心灵哲学[M].北京：商务印书馆.

高新民，严莉莉，张卫国.2001.笛卡尔式二元论的重新解读与最新发展——从现代心灵哲学的视域看[J].哲学动态，（12）：91-98.

葛雷格里•贝特森.2003.心智与自然——统合生命世界与非生命世界的心智生态学[M].章明仪译.台北：商周出版社.

桂格•布莱登.2010.无量之网——一个让你看见奇迹、超越极限、心想事成的神秘境地[M].达娃译.台北：橡实出版社.

郭启贵，高文武.2009.从托马斯•库恩的科学观看常规科学中的争论[J].长安大学学报（社会科学版），11（1）：101-106.

郭治安等.1988.协同学入门[C].成都：四川人民出版社.

哈肯.1988.信息与自组织——复杂系统中的宏观方法[M].郭治安，信息与自组织翻译组译.成都：四川教育出版社.

哈尼什.2012.心智大脑与计算机：认知科学创立史导论[M].王淼，李鹏鑫译.杭州：浙江大学出版社.

海尔.2006.当代心灵哲学导论[M].高新民，殷筱，徐弢译.北京：中国人民大学出版社.

何静.2013.一种温和的具身认知研究进路——读《此在：重整大脑、身体和世界》[J].哲学分析，4(4):191-196.

赫尔曼•哈肯.2000.大脑工作原理——脑活动、行为和认知的协同学研究[M].郭治安，吕翎译.上海:上海科技教育出版社.

赫尔曼•哈肯.2005.协同学——大自然构成的奥秘[M].凌复华译.上海:上海译文出版社.

洪定国.2000.21世纪人类意识的进化与隐缠序实在观的崛起[J].自然辩证法研究.（6）:5-8.

胡万年，叶浩生.2013.中国心理学界具身认知研究进展[J].自然辩证法通讯，35(6).

黄俊民，顾浩.2009.计算机史话[M].北京：机械工业出版社.

黄侃.2012.认知主义之后——从具身认知和延展认知的视角看[J].哲学动态,(7):98-104.

杰夫•霍金斯，森德拉•布拉克斯莉.2006.人工智能的未来[M].贺俊杰，李若子，杨倩译.西安：陕西科学技术出版社.

杰拉尔德•埃德尔曼，朱利欧•托诺尼.2003.意识的宇宙——物质如何转变为精神[M].顾凡及译.上海：上海科学技术出版社.

凯恩斯•斯密斯.2000.心智的进化[M].孙岳译.北京:中国对外翻译出版公司.

黉益民.2006.当前心灵哲学中的核心课题[J].世界哲学，（5）：3-15.

勒内•托姆.1989.突变论：思想和应用[M].周仲良译.上海:上海译文出版社.

李恒威，盛晓明.2006.认知的具身化[J].科学学研究,（2）184-190.

李恒威.2007.意向性的起源：同一性，自创生和意义[J].哲学研究，（10）：70-76.

李恒威.2013.从计算机到脑——读《心智：认知科学导论》[J].科学中国人，（1）：28-29.

李凯尔特.1991.文化科学和自然科学[M].涂纪亮译.北京：商务印书馆.

李其维.2008."认知革命"与"第二代认知科学"刍议[J].心理学报，40（12）：1306-1327.

刘晓力.2005.认知科学研究纲领的困境与走向[J].社会心理科学（4）：10-18.

罗杰·彭罗斯.2007.皇帝新脑[M].许明贤,吴忠超译.长沙：湖南科学技术出版社.

罗姆·哈瑞.2006.认知科学哲学导论[M].魏屹东译.上海：上海科技教育出版社.

罗志希.2002.科学与玄学[M].北京：商务印书馆.

玛格丽特·博登.2005.人工智能哲学[M].刘西瑞,王汉琦译.上海：上海译文出版社.

梅洛-庞蒂.2003.知觉现象学趋向[M].姜志辉译.北京：商务印书馆.

孟伟.2007.如何认识涉身认知？[J].自然辩证法研究，23（17）：75-80.

孟伟.2008.认知科学哲学基础的转换——从笛卡儿到海德格尔[J].心智与计算，（6）：31-34.

聂楚杉.论戴维·玻姆的整体论思想[J].淮阴师范学院学报(哲学社会科学版)，（3）：314-318.

帕·巴克.2001.大自然如何工作——有关自组织临界性的科学[M].李炜,蔡勖译.武汉：华中师范大学出版社.

任晓明,胡宝山.2007.为认知科学的计算主义纲领辩评泽农·派利夏恩的计算主义思想[J].江西社会科学，（2）：44-49.

任晓明,张昱.2008.计算主义纲领的功过得失——评派利夏恩的计算主义思想[J].科学技术与辩证法，（6）:7-10.

萨伽德.2000.心智的进化[M].朱菁译.合肥：中国科技大学出版社.

萨伽德.2012.认知科学导论[M].朱菁,陈梦雅译.上海：上海辞书出版社.

塞尔.2006.心灵、语言与社会[M].李步楼译.上海：上海译文出版社.

塞尔.2008.心灵导论[M].徐英瑾译.上海：上海人民出版社.

史蒂文·温伯格.2006.科学能够解释一切吗？[J].科学文化评论，3:52-62.

史忠植.2006.智能科学[M].北京：清华大学出版社.

宋文里.2001.译者导言//Bruner J.教育的文化：文化心理学的观点[M].宋文里译.台北：远流出版社.

托马斯·库恩.2003.科学革命的结构[M].金吾伦,胡新和译.北京：北京大学出版社.

托马斯·库恩.2004.必要的张力：科学的传统和变革论文选[M].范岱年,纪树立译.北京：北京大学出版社.

瓦雷拉,汤普森,罗施.2010.具身心智：认知科学和人类经验[M].李恒威,李恒熙,王球,于霞译.杭州：浙江大学出版社.

王岳川.2002.后现代：科学、宗教与文化反思[J].上海社会科学院学术季刊，（3）：140-148.

魏屹东，常照强. 2011.框架问题的机制化实现与具身化进路——表征主义和反表征主义的困境与出路[J].自然辩证法研究，（3）：25-29.

魏屹东，常照强. 2013.当代认知系统研究的趋向与挑战[J].社会科学，（6）：118-127.

魏屹东，裴利芳.2009.论情境化潜意识表征——评德雷福斯的无表征智能理论[J].科学技术与辩证法，（2）:1-7.

魏屹东.2011.心理表征隐喻与框架问题[J].学术月刊，（4）：46-52.

西蒙.1986.人类的认知——思维的信息加工理论[M].荆其诚译.北京：科学出版社.

熊哲宏.2002.认知科学导论[M].上海：华东师范大学出版社.

休伯特·德雷福斯.1986.计算机不能做什么：人工智能的极限[M].宁春岩译，马希文校.北京：生活·读书·新知三联书店.

徐献军.2007.具身认知论——现象学在认知科学研究范式转型中的作用[D].浙江大学博士学位论文.

徐献军.2012.具身人工智能与现象学[J].自然辩证法通讯，（6）：43-47.

严景阳，高新民.2008.当代心灵哲学境遇下计算主义之解读与批判[J].江西社会科学，(1):71-74.

叶浩生.2010.具身认知：认知心理学的新取向[J].心理科学进展，5（5）：705-710.

叶浩生.2011.身心二元论的困境与具身认知研究的兴起[J].心理科学，34（4）：999-1005.

叶浩生.2011.有关具身认知思潮的理论心理学思考[J].心理学报，43(5)：589-598.

伊·普里戈金，伊·斯唐热. 2005.从混沌到有序——人与自然的新对话[M].曾庆红，沈小峰译.上海：上海译文出版社.

伊利亚·普里戈金. 1998.确定性的终结——时间、混沌与新自然法则[M].湛敏译.上海: 上海科技教育出版社.

于小涵，李恒威.2011.认知和心智的边界——当代认知系统研究概观[J].自然辩证法通讯，（1）：21-28.

郁风.2009.环境、载体和认知——作为一种积极外在主义的延展心灵论[J].哲学研究，（12）：86-92.

约翰·霍兰.2000.隐秩序——适应性造就复杂性[M].周晓牧，韩晖译.上海：上海科技教育出版社.

约翰·霍兰.2006.涌现——从混沌到有序[M].陈禹等译，方美琪校.上海：上海科学技术出版社.

约翰·卡斯蒂.2006.剑桥五重奏——机器能思考吗[M].胡运发，周水庚，杨茂江译.上海: 上海科学技术出版社.

泽农·派利夏恩.2007.计算与认知[M].任晓明，王左立译.北京：中国人民大学出版社.

张桂权.1998.玻姆的隐序理论[J].自然辩证法通讯，(5):16-22.

张铁山.2013.非涉身认知的计算——表征范式的困境及其表现[J].安徽大学学报（哲学社会科学版），（1）:29-36.

章士嵘.1992.认知科学导论[M].北京：人民出版社.

郑双荣.2008."量子意识"——量子心理学对意识的新解读[J].徐州师范大学学报（哲学社会科学版），(2):125-128.

周昌乐.2008.作为认知手段的隐喻及其涉身性分析[J].心智与计算，2（3）：272-278.

周静，谢天，张掌然.2013.认知革命真的发生了吗？[J].天津社会科学，（4）.

佐川弘幸，吉田宣章.2007.突破经典信息科学的极限——量子信息论[M].松鹤山，宋天译.大连：大连理工大学出版社.

Agazzi E，Montecucco L. 2002. Complexity and Emergence [C].Singapore:World Scientific Publishing Co. Pte. Ltd.

Aleksander I. 2001. How to Build a Mind: Toward Machines with Imagination [M].New York: Columbia University Press.

Anderson J R.2007. How Can the Human Mind Occur in the Physical Universe? [M].Oxford,NewYork: Oxford university press.

Anderson M L.2003. Embodied Cognition: A field guide[J].Artificial Intelligence，149（3）：91-130.

Atmanspacher H. 2004. Quantum Approaches to Consciousness. Stanford Encyclopedia of Philosophy. http://www.science.uva.nl/~seop/entries/qt-consciousness[2012-5-23].

Ayala F J，Dobzhansky T G.1974.Studies in the Philosophy of Biology: Reduction and Related Problems[C].Berkeley,Los Angeles: University of California Press.

Basar E.2011. Brain-Body-Mind in the Nebulous Cartesian System：A Holistic Approach by Oscillations [M].New York: Springer.

Bem S, Dejong H L.2006. Theorical Issues in Psychology [M].2nd ed. London: SAGE Publication Ltd.

Boden M A.2006. Mind as Machine: A History of Cognitive Science [M].New York: Oxford University Press.

Calvo P，Gomila A. 2008.Handbook of Cognitive Science: An Embodied Approach [C].San Diego: Elsevier.

Carman T，Hansen M B N.2004.The Cambridge Companion to Merleau-Ponty[C].Cambridge,New

York: Cambridge University Press.

Carsetti A.2010. Causality, Meaningful Complexity and Embodied Cognition[C].Dordrecht: Springer.

Chalmers D J.2010. The Character of Consciousness[M].Oxford,New York: Oxford University Press.

Charles Petzold. 2012.图灵的秘密：他的生平、思想及论文解读[M]. 杨卫东，朱皓等译. 北京：人民邮电出版社.

Chemero A.2009. Radical Embodied Cognitive Science，Cambridge: The MIT Press.

Clark A.1999. An embodied cognitive science?[J]. Trends in Cognitive Sciences,3(9):345-351.

Clark A.2008.Supersizing the Mind: Embodiment, Action and Cognitive Extension[M].Oxford,New York: Oxford Univesity Press.

Clayton P.2004.Mind and Emergence: From Quantum to Consciousness[M].Oxford, New York: Oxford University Press.

Clayton P, Davies P. 2006. The Re-Emergence of Emergence: The Emergentist Hypothesis from Science to Religion [C].Oxford， New York: Oxford University Press.

Cockburn D.2001. An Introduction to the Philosophy of Mind: Souls, Science and Human Beings [M]. New York: Palgrave Macmillan.

Cosmelli D, Ibáñez A.2008. Human cognition in context: on the biologic, cognitive and social reconsideration of meaning as making sense of action [J].Integr Psych Behav,42(2):233-244.

Crane T.2003.The Mechanical Mind: A Philosophical Introduction to Minds, Machines and Mental Representation [M].2nd ed. London,New York: Routledge.

Crnkovic G D.2011. Significance of models of computation: from turing model to natural computation[J].Minds & Machines,21(2):301-322.

Dawson M R W. 2004.Minds and Machines: Connectionism and Psychological Modeling [M]. Malden:Blackwell Publishing.

Dawson M R W. 2010. Brain Dupuis, Michael Wilson.From Bricks to Brain: the Embodied Cognitive Science of LEGO Robots [M].Edmonton: Athabasca University Press.

Dennett D.2007. Philosophy as naive anthropology: comment on bennett and hacker[A]//Bennett M. Neuroscience and Philosophy: Brain, Mind, and Language [C].New York:Columbia University Press.

Descombes V, Schwartz S A. 2001.The Mind's Provisions: A Critique of Cognitivism[M].Princeton: Princeton University Press.

Dreyfus H L.1992.What Computers Still Can't Do: A Critique of Artificial Reason [M].Cambridge, Massachusetts: The MIT Press.

Dror I E.2007. Cognitive Technologies and the Pragmatics of Cognition [C].Amsterdam, Philadelphia: John Benjamins Publishing Co.

Echavarria R R. 2009.Russell's structuralism and the supposed death of computational cognitive science[J].Minds & Machines,19(2):181-197.

Eric R. Kandel.2006.追寻记忆的痕迹[M].罗跃嘉译.北京: 中国轻工业出版社.

Erneling C E, Johnson D M .2005. Mind as a Scientific Object: Between Brain and Culture[C].New York: Oxford University Press.

Estep M.2006.Self-Organizing Natural Intelligence: Issues of Knowing Meaning and Complexity [M]. Dordrecht: Springer.

Freeman A.2003. Consciousness: A Guide to the Debates[M].Santa Barbara,Calif: ABC- CLIO,Inc.

Gallagher S.2005. How the Body Shapes the Mind[M].Oxford, New York: Oxford University Press.

Gregesen N H. 2003. From Complexity to Life: On the Emergency of Life and Meaning [C].New York: Oxford University Press.

Grush R. 2008. Review-Representation reconsidered. http://ndpr.nd.edu/news/23327-representation-reconsidered [2012-8-25].

Haken H.2006.Information and Self-Organization: A Macroscopic Approach to Complex Systems[M].3rd ed. Berlin: Springer.

Harré R. 2009.The second cognitive revolution [A]// Leidlmair K. After Cognitivism: A Reassessment of Cognitive Science and Philosophy [C].London, New York: Springer.

Haselager W, Gonzalez M E Q. 2006. The meaningful body: on the difference between artificial and organic creatures[A]// Loula A, Gudwin R.Artificial Cognition System [C].Hershey,London: Idea Group Publishing.

Hass L. 2008.Merleau-Ponty's Philosophy[M].Bloomington: Indiana University Press.

Heil J.2004. Philosophy of Mind: A Guide and Anthology [M].Oxford: Oxford University Press.

Husbands P, Holland O, Wheeler M . 2008. The Mechanical Mind in History [C].Cambridge:The MIT Press.

Kandel E R. 2007.In Search of Memory: Emergence of a New Science of Mind[M]. New York, London: W. W. Norton & Company.

Kaneko K.2006. Life: An Introduction to Complex Systems Biology [M].Berlin,New York:Springer.

Keijzer F A.2002. Representation in dynamical and embodied cognition[J]. Cognitive Systems Research,3(3):275-288.

Keijzer F. 2003. Self-Steered Self-Organization. http://philosophy.eldoc.ub.rug.nl/root/2003/Self-

Steered[2011-9-6].

Keijzer F.Theoretical behaviorism meets embodied cognition: two theoretical analyses of behavior. Philosophical Psychology, 2005, 18(1):123-143.

Keijzer F A.2001. Representation and Behavior[M].Cambridge: The MIT Press.

Kim J. 2010.Philosophy of Mind[M].Boulder: Westview Press.

Kolak D, Hirstein W, Mandik P , Waskan J. 2006.Cognitive Science: An Introduction to the Mind and Brain[M].New York,Oxford:Routledge.

Lagerlund H.2007. Representation and Objects of Thought in Medieval Philosophy[C]. Aldershot,Burlington:Ashgate Publishing Limited.

Lars Marstaller. 2008.Review-how can the human mind occur in the physical universe?http://metapsychology.mentalhelp.net/poc/view_doc.php?type=book&id=4463 [2013-3-16].

Lytton W W.2002. From Computer to Brain: Foundations of Computational Neuroscience[M].New York：Springer.

Macann C. 1993.Four Phenomenological Philosophers: Husserl, Heidegger, Sartre, Merleau-Ponty[M].London,New York:Routledge.

Macdonald C, Macdonald G .2010. Emergence in Mind [C].Oxford,New York:Oxford University Press.

MacLennan B J.2004. Natural computation and non-Turing models of computation[J].Theoretical Computer Science,317(1):115-145.

Malle B F. 2004.How the Mind Explains Behavior: Folk Explanations, Meaning, and Social Interaction [M].Cambridge:The MIT Press.

Marraffa M, de Caro C M, Ferretti F .2007.Cartographies of the Mind: Philosophy and Psychology in Intersection[C].New York:Springer.

Menary R.2007. Cognitive Integration: Mind and Cognition Unbounded [M]. Hampshire, New York: Palgrave Macmillan.

Mitchell M.2009. Complexity: A Guided Tour[M].New York: Oxford University Press.

Moural J. 2003.The Chinese Room Argument [A]// Smith B. John Searle[C].Cambridge,New York: Cambridge University Press.

Murphy N, Brown W S. 2007.Did My Neurons Make Me Do It? Philosophical and Neurobiological Perspectives on Moral Responsibility and Free Will [M]. Oxford, New York: Oxford University Press.

Nefti S, Gray J O . 2010.Advances in Cognitive Systems [C].London:The Institution of Engineering and Technology.

Pfeifer R, Bongard J. 2007.How the Body Shapes the Way We Think: A New View of Intelligence[M].Cambridge: The MIT Press.

Pfeifer R, Scheier C.1999. Understanding Intelligence[M]. Cambridge: The MIT Press.

Piccinini G, Craver C. 2011,Integrating psychology and neuroscience: functional analyses as mechanism sketches. Synthese, 183(3):283-311.

Piccinini G, Scarantino A.2010. Computation vs.Information processing: why their difference matters to cognitive science [J].Studies in History and Philosophy of Science,41(3) :237-246.

Pickering J.2006. Beyond cognitivism: mutualism and postmodern psychology. http://www2. warwick.ac.uk/fac/sci/psych/people/jpickering/johnpickering/mutualism[2013-9-15].

Pylkkänen P T I. 2007. Mind, Matter and the Implicate order [M].Berlin:Springer.

Ramsey W M. 2007.Representation Reconsidered[M].Cambridge, New York: Cambridge University Press.

Ratcliffe M. 2007. Rethinking Commonsense Psychology: A Critique of Folk Psychology, Theory of Mind and SimulationMatthew Ratcliffe[M].Hampshire, New York: Palgrave Macmillan.

Richard, G.M. 2006. Cognitive System: Information Processing Meets Brain Science [M].London: Elsevier Academic Press.

Rowlands M. 2010. The New Science of the Mind: From Extended Mind to Embodied Phenomenology [M].Cambridge: The MIT Press.

Rundle B. 1997. Mind in Action[M].Oxford, New York: Clarendon Press.

Rupert R D. 2009. Cognitive Systems and the Extended Mind[M]. Oxford, New York: Oxford University Press.

Ruse M. 2005.Darwinism and Mechanism: Metaphor in Science[J].Stud.Hist. Phil.Biol.& Biomed. Sci, 36(2):285-302.

Schouten M, de Jong H L. 2007. The Matter of the Mind: Philosophical Essays on Psychology, Neuroscience and Reduction[C].Malden, Oxford: Blackwell Publishing Ltd.

Scott A. 2003. Gilbert ryle-the concept of mind.http://www.angelfire.com/md2/timewarp/ryle. html[2012-5-16].

Searle J R. 1997.The Mystery of Consciousness[M]. New York: The New York Review of Books.

Sprague E. 1999. Persons and Their Minds: A Philosophical Investigation [M].Bonlder: Westview Press.

Stapp H P. 2007. Mindful Universe: Quantum Mechanics and the Participating Observer [M].Berlin:

Springer.

Stenning K, van Lambalgen M. 2008.Human Reasoning and Cognitive Science [M].Cambridge: The MIT Press.

Stich S P. 1983. From Folk Psychology to Cognitive Science[M]. Cambridge: The MIT Press.

Sturgeon S. 2000. Matters of Mind: Consciousness, Reason and Nature.London: Routledge.

Tabaczek M. 2013. The metaphysics of downward causation: rediscovering the formal cause[J]. Zygon, 48(2):380-404.

Thagard P. 2005. Mind: Introduction to Cognitive Science[M].Cambridge: The MIT Press.

Tschacher W, Dauwalder J P. 2003. The Dynamical Systems Approach to Cognition: Concepts and Empirical Paradigms Based on Self-organization, Embodiment and Coordination Dynamics[C]. Singapore: World Scientific Publishing Co. Pte. Ltd.

Uttal W R. 2004. Dualism: The Original Sin of Cognitivism [M].Mahwah: L. Erlbaum Associates.

Waskan J A. 2006. Models and Cognition: Prediction and Explanation in Everyday Life and in Science [M].Cambridge: The MIT Press.

Waskul D, Vannini P. 2006. Body/Embodimen: Symbolic Interaction and the Sociology of the Body[M].Hampshire, Burlington: Ashgate Publishing Limited.

Wheeler M. 2005.Reconstructing the Cognitive World: The Next Step [M]. Cambridge: The MIT Press.

Wilson R A, Keil F C. 1999. The MIT Encyclopedia of the Cognitive Sciences[C].London: The MIT Press.

后　记

选取书名"心智的非机械论研究",我想要表达两个诉求:其一,研究的视角要有一个转换,即要从"心智的机械论研究"转向"心智的非机械论研究";其二,要凸显经验科学(特别是物理学)与哲学之间的密切联系。

先说第一个诉求。提到"心智的非机械论研究",自然就会联想到它的对立面——"心智的机械论研究",所以书名本身也就隐含了一种视角的转换。这种心智研究视角的转换,并非凭空而来、没有缘由,而是有着深刻的理论背景的。20世纪50年代以降,随着计算机科学的兴起,心智被视为一种符号的操作系统,"认知主义"大行其道,成为心智研究的主流范式。然而,随着认知主义范式在实践和理论上遭遇巨大的困难,心智研究不得不另辟蹊径,寻找新的突破口。具身认知、认知动力学等研究进路应运而生,都被归之于"后认知主义"阵营,如今这些进路已成为学界的研究热点。本书是我数年来追踪当代后认知主义思潮前沿的成果体现,毫无疑问,书中所阐述的心智非机械论进路与所谓的后认知主义范式,二者义理相通、精神相契。

再说第二个诉求。既然已有"后认知主义"的称谓,又何必提出"心智的非机械论"的说辞,未免多此一举。其实不然,这里我的目的是凸显经验科学(特别是物理学)与哲学之间的密切联系。英国物理学家大卫·玻姆在《后现代科学和后现代世界》一文中,提出了非机械论物理学(量子物理学)的观念,以区别传统的机械论物理学(牛顿物理学)观念。我认为,基于不同的物理学观念,会形成不同的科学世界观,而不同的世界观最终会激发不同的心智研究的哲学进路。因此,不揣浅陋,仿照玻姆的非机械论物理学,我提出"心智的非机械论研究",这一提法并非要刻意标新立异,吸引人的眼球。

此外，我还想澄清一个认识上的误区。从"心智的机械论研究"转向"心智的非机械论研究"，并非要以后者完全否定前者，而应该以辩证的眼光来审视二者之间的互补关系。我愈发地认识到，心智作为一种复杂的心理现象，无论我们从哪个角度研究它，我们所触及的无非是心理现象解释的某一个层次而已，而仅凭一个层次的解释，当然无法全面揭示事物的真相。

  本书的完成，首先，要感谢我的导师魏屹东教授。魏教授是我学术道路的引路人，我从其身上学到了许多哲学研究的功夫，而且受其启发，我尽可能地关注当前认知哲学探索的前沿。其次，在写作过程中不仅要翻阅大量的文献资料，还得尽可能地静下心来，谋篇布局，因此极度的耐心和定力更是不可或缺的要素，感谢妻子为我提供的此股动力。最后，要特别感谢我的父亲和母亲，一直以来，父母给我的亲情和爱，使我在学术道路上一路前行，从不孤单，总有温情相伴。

常照强

2015 年 9 月